RELIURE SERREE
Absence de marges
intérieures

VALABLE POUR TOUT OU PARTIE DU
DOCUMENT REPRODUIT

CHANSONS DE BATAILLE

Jules Jouy

PARIS
C. MARPON & E. FLAMMARION
ÉDITEURS
26, rue Racine, près l'Odéon.

CHEZ LES MÊMES ÉDITEURS

PUBLICATIONS RÉCENTES A 3 FR. 50 LE VOLUME

BALLEY (Berthe). . . .	Criminelle!!.	1 vol.
BAPAUME (Amable) . .	Le Cocher de la Duchesse.	1 vol.
BERTOL-GRAIVIL.	Deux Criminels.	1 vol.
BONNETAIN (Paul) . . .	En Mer. Illustré.	1 vol.
BOUVIER (Alexis) . . .	Les Seins de Marbre.	1 vol.
—	La Belle Olga.	1 vol.
CAISE (Albert).	Teurkia. — *Mœurs algériennes*. . . .	1 vol.
—	La Jeunesse d'une Femme au Quartier Latin.	1 vol.
CARCASSONNE (Ad.) . .	Nouveau Théâtre d'Enfants.	1 vol.
CHESNEL (E.).	Les Plaies d'Égypte. — *Les Anglais dans la vallée du Nil*.	1 vol.
COLOMBIER (Marie) . .	Courte et Bonne.	1 vol.
COURTELINE (G.). . .	Le Train de 8 h. 47. Illustré.	1 vol.
DAUDET (Alphonse). .	Souvenirs d'un Homme de Lettres.	1 vol.
—	Jack. . . . . (collection Guillaume illustrée).	1 vol.
DOLLFUS (P.).	Modèles d'Artistes. Illustré.	1 vol.
DUBUT DE LA FOREST. .	Tête à l'envers.	1 vol.
DUVAL (Georges) . . .	Honneur pour Honneur	1 vol.
FABART (Félix)	Le Coup du Lapin. — Roman social.	1 vol.
FONBRUNE (Henri de).	Milord Tripot	1 vol.
GALIPAUX.	Encore des Galipettes. Illustré	1 vol.
HUGO (Victor)	Notre-Dame de Paris. Illustrés . . .	2 vol.
JACOLLIOT (Louis) . . .	Les Chasseurs d'Esclaves.	1 vol.
JANVIER (Louis-Joseph). . .	Une Chercheuse.	1 vol.
JOUY (Jules).	Chansons de Bataille.	1 vol.
LANGLEBERT (Dʳ) . . .	Lettres à Émile	1 vol.
LECOY DE LA MARCHE.	L'Esprit de nos Aïeux. — Anecdotes et bons mots tirés des manuscrits du XIIIᵉ siècle.	1 vol.
LEMONNIER (A. et S.) .	Une Mère d'Actrice.	1 vol.
LOUDUN (Eugène) . . .	Journal de Fidus.	1 vol.
MAIZEROY (René) . .	Lalie Spring.	1 vol.
MOINAUX (Jules). . . .	Gaietés bourgeoises. Ill. de Steinlen.	1 vol.
PRADELS (Octave) . . .	Pour dire entre Hommes. Illustr. de Kauffmann	1 vol.
RICHARD O'MONROY . .	Souvent Homme varie!	1 vol.
SILVESTRE (Armand) .	Contes à la Brune. Illustrations de Kauffmann.	1 vol.
TOLA-DORIAN (Mᵐᵉ). .	Poèmes lyriques.	1 vol.
TOLSTOÏ (Comte Léon).	De la Vie (seule traduction autorisée)	1 vol.
VAUTIER (Mᵐᵉ Claire).	Adultère et Divorce.	1 vol.
VIVIER (Eugène). . . .	Vie et Aventures d'un Corniste. . .	1 vol.
ZACCONE (Pierre) . . .	La Duchesse d'Alvarès.	1 vol.
ZOLA (Émile) (Préface par)	La Morasse. — Nouvelles, par les Secrétaires de rédaction des grands journaux.	1 vol.

CHANSONS
DE BATAILLE

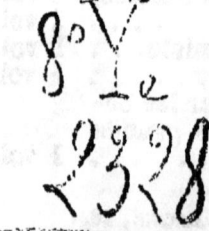

ÉMILE COLIN — IMPRIMERIE DE LAGNY

JULES JOUY

CHANSONS
DE BATAILLE

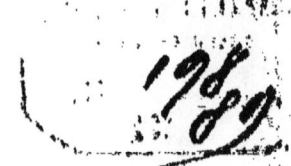

PARIS
C. MARPON & E. FLAMMARION, ÉDITEURS
RUE RACINE, 26, PRÈS L'ODÉON

Tous droits réservés

CHANSONS DE BATAILLE

LES ÉTRENNES

Air: *Mad'moiselle, écoutez-moi donc.*

A MARGUERITE DUFAY.

LE FACTEUR

Ding! ding! ding! écoutez-moi donc!
C'est un almanach que je vous apporte.
Ding! ding! ding! écoutez-moi donc!
D'un bel amanach je viens vous fair' don.

Non, monsieur, je n' vous écout' pas!
Il est inutil' de pousser ma porte.
Non, monsieur, je n' vous écout' pas!
Je n'ai pas besoin de vos almanachs.

LE BOUEUX

Ding! ding! ding! écoutez-moi donc!
Chaqu' matin, je viens prendre vos ordures.
Ding! ding! ding! écoutez-moi donc!
Donnez-moi de quoi m'ach'ter du bonbon.

Non, monsieur, je n' vous écout' pas !
J' vous pri' de r'tourner à vos ép'luchures.
Non, monsieur, je n' vous écout' pas !
Votre tombereau vous attend en bas.

LE VIDANGEUR

Ding ! ding ! ding ! écoutez-moi donc !
Veuillez m'excuser si je vous dérange.
Ding ! ding ! ding ! écoutez-moi donc !
Je suis l' vidangeur de votre maison.

Non, monsieur, je n' vous écout' pas !
Je n'ai rien à voir dans votre vidange.
Non, monsieur, je n' vous écout' pas !
Car, en d'autres lieux, je fais tous mes r'pas.

LE CONCIERGE

Psst ! monsieur, écoutez-moi donc !
Ce n'est pas pour moi que je vous demande.
Psst ! monsieur, écoutez-moi donc !
C'est pour l'entretien de notre maison.

Non, monsieur, je n' vous écout' pas !
De mes journaux vous décollez la bande.
Non, monsieur, je n' vous écout' pas !
La nuit il faut que j' sonne à tour de bras.

LE GARÇON DE RESTAURANT

Psst ! monsieur, écoutez-moi donc !
Voici des cur'-dents ornés d' faveurs roses.

Psst ! monsieur, écoutez-moi donc !
Laissez-moi vos étrenn's sur l'addition.

Non, monsieur, je n' vous écout' pas !
Dans vos potag's je trouv' de vilain's choses.
Non, monsieur, je n' vous écout' pas !
On trouv' des cheveux dans tous vos ratas.

LE GARÇON DE CAFÉ

Psst ! monsieur, écoutez-moi donc !
Veuillez accepter ces jolis havanes.
Psst ! monsieur, écoutez-moi donc !
J' vous offre pour rien vot' consommation.

Non, monsieur, je n' vous écout' pas !
C'est pas des cigar's, c'est des p'tits bouts d'canne.
Non, monsieur, je n' vous écout' pas !
J'aim' pas fumer des morceaux d'échalas.

LE GARÇON COIFFEUR

Psst ! monsieur, écoutez-moi donc !
Pendant tout' l'anné', c'est moi qui vous rase.

— Oui, tu m' ras's, espèc' de crampon !
Tu m'as mêm' coupé plusieurs fois l' menton.

4 janvier 1888.

DES CHANSONS!

A VICTOR MAROUCK

Victor Marouck. — ???
Moi. — !!!
Victor Marouck. — Des chansons! il faut refaire des chansons!!

SI l'autre année au loin recule,
Dans l'oubli fuyant à grands pas,
L'infamie et le ridicule,
Par contre, ne s'effacent pas.
D'un ton qui jamais ne se lasse,
Ils disent : « Nous recommençons ! »
Chaque matin, à cette place,
Il faut refaire des chansons.

J'ai fait, sur la défunte année,
Flèche de traits, durs ou narquois.
La guerre n'est pas terminée :
Il faut reprendre le carquois.
Les bourgeois et leur valetaille,
Cachés derrière les buissons,
Guettent l'heure de la bataille :
Il faut refaire des chansons.

Se souciant peu qu'on le craigne
Ou l'exècre, Jules Ferry,

Sous d'autres noms gouverne et règne,
Car son pouvoir n'est pas tari.
Boulanger qu'attend la victoire,
Fait, sur d'autres caparaçons,
Caracoler la même gloire :
Il faut refaire des chansons.

Grévy, que l'on traitait naguère
De Washington en paletot,
De la scène ne s'en va guère,
Car il ressuscite en Carnot ;
Le Wilson, par qui s'enrubanne
La boutonnière des maçons,
Attend toujours qu'on le condamne :
Il faut refaire des chansons.

Le pauvre a toujours la famine,
Attendant « le droit au bonheur ».
Toujours, le grisou, dans la mine,
Ensevelit le noir mineur.
Toujours, dans les manufactures,
Les fillettes et les garçons
Mangent leur pain sans confitures :
Il faut refaire des chansons.

Un jour, lorsque les misérables
Auront bu la coupe d'enfer,

L'étendard nouveau des minables
Flottera sur l'horizon clair.
Mais avant qu'il ne se décore
De drapeaux aux rouges frissons,
Hélas! pendant longtemps encore,
Il faudra faire des chansons!

9 janvier 1888.

L'AFFAIRE DES DÉCORATIONS

Air : Bon voyag', monsieur Dumollet !

A FÉLIX DÉCORI.

Par les héros de cette triste affaire,
Les juges, tour à tour, sont récusés.
Les tribunaux, ne sachant plus quoi faire,
Passent leur temps à dire aux accusés :

  Bon voyage,
  Messieurs du ruban !
Le tribunal vous lâche, sans bagage !
  Bon voyage,
  Messieurs du ruban !
Débarrassez le bi du bout du banc !

Pour que l'auteur principal de ces farces
Puisse éviter son juste châtiment,
Dame Thémis, pour les simples comparses,
Se montre douce et leur dit poliment :

  (Au refrain.)

Limouzin, comme une matrone antique,
Au cabaret, trône dans son comptoir,

Le beau Lorentz, gérant de la boutique,
Sert les clients, grand-cordon en sautoir.

(*Au refrain.*)

Le Caffarel vivote en sa retraite.
Hier, j'ai vu Dubreuil et Ribaudeau,
La face rouge et l'air un peu pompette,
Assis au concert de l'Eldorado,

(*Au refrain.*)

De ce procès répugnant et cocasse,
On peut tirer cette moralité :
Chaque accusé, rigolant, se la casse
Il n'y a que l' tribunal d'arrêté.

Bon voyage,
Messieurs du ruban !
Le tribunal vous lâche, sans bagage
Bon voyage,
Messieurs du ruban !
Débarrassez le bi du bout du banc !

20 janvier 1888.

LE DONNEUR DE PROSPECTUS

A PIERRE RIVOIRE.

L'été, lorsque l' soleil plein d' flamme
Vient réchauffer les presque-nus,
Donner des p'tits papiers-réclame,
C'est l' plus chouett' des états connus.
Mais l'hiver, lorsque l' froid s'en mêle,
Le métier n' vaut pas un fœtus.
C'est pas rigolo, quand i' gèle,
De distribuer des prospectus !

Pour éviter qu' votr' sang ne s' glace
Et s' réchauffer un brin les pieds,
Il faut courir, sans changer d' place,
Tout en tendant ses p'tits papiers.
Allongeant l' bras, battant la s'melle,
On a l'air d'imiter Paulus.
C'est pas rigolo, quand i' gèle,
De distribuer des prospectus !

Lorsque la bis' glac' l'atmosphère,
C'est dur de vanter un poêl' qui
Dégot' mêm' le calorifère
Du fameux monsieur Choufleurski !

Quand on a la peau qui vous pèle,
On s' moqu' bien des poè!'s-omnibus!
C'est pas rigolo, quand i' gèle,
De distribuer des prospectus!

Je vous assur' que c'est pas drôle
D' fair' de la réclame au *Pont-Neuf*,
Lorsqu'on n'a, par un vrai temps d' pôle,
Qu'un' blous' de toile, en guis' d'Elbeuf.
Pour augmenter leur clientèle,
I's d'vraient nous vêtir, ces Crésus!
C'est pas rigolo, quand i' gèle,
De distribuer des prospectus!

20 janvier 1888.

LA PERQUISITION

Air : *En revenant de la revue.*

A HENRI CHABRILLAT

Juge chargé par la Justice
D'visiter, avec des mouchards,
L'cabinet sombre où Wilson tisse
Sa toile à prendre les richards,
Je m'suis rendu chez c'te pratique
Avec des instruments d'optique :
Monsieur Lynx, mon premier agent,
Avait un' loupe à manch' d'argent ;
   L' deuxièm', monsieur Condor,
   Avait un lorgonon d'or ;
Le troisième, au flair sans pareil,
Avait une lorgnette en vermeil ;
   L' quatrièm', mon greffier,
   Un microscop' d'acier ;
   Moi j'avais emporté
   Le miroir de la Vérité.

    Serviett's sous l'bras,
    Nous marchions à grands pas,
    Sérieux, n'ayant pas
      La mine tendre ;
      Sans hésiter,

Car nous allions tâter
Palper et visiter
   Chez monsieur Gendre.

J'avais averti d' notr' venue
Wilson, pour pas l'effaroucher ;
Si bien qu' jusqu'au milieu d'l'av'nue,
Poliment, il vint nous chercher.
« — Inutil'ment on vous dérange »
Nous dit-il « j'suis pur comme un ange. »
« — N'import'! je connais mon devoir »
Répondis-j', « je demande à voir. »
  Alors, nous précédant,
  L' gendr' de l'ex-président,
Dans l'coin aux profan's interdit,
Nous fit tous entrer et nous dit :
  « — Je suis un homm' de bien.
  Pour qu'on ne r'tranche rien
  Des papiers qu' vous voulez,
J'ai posé moi-mêm' les scellés. »

   Tous, à pleins bras,
  Nous fouillions dans le tas,
  Sérieux, n'ayant pas
   La mine tendre;
   Sans hésiter,
  Car nous voulions tâter,
  Palper et visiter
   Chez monsieur Gendre.

Tout's les recherch's fur'nt inutiles :
Sous les yeux de Wilson ravi,
On n' trouva qu' des papiers futiles.
Soudain, entre monsieur Grévy :
« — Ces messieurs accept'ront à boire, »
Dit-il ; puis, ouvrant une armoire,
Il prend un' bouteill' de Clicquot
Et nous verse un verr' de coco.
 Tant pis, nous l' dégustons ;
 Puis, graves, nous sortons.
« — Ciel ! » s'écri' mon premier agent,
« On m'a chipé ma loup' d'argent ! »
 L' deuxièm' dit : « — C'est trop fort !
 J' n'ai plus mon lorgnon d'or ! »
 Bref, i' n' nous est resté
Que l' miroir de la Vérité !

  Serviett's sous l' bras,
  Nous marchions à grands pas,
  Sérieux, n'ayant pas
   La mine tendre ;
   Sans hésiter,
  Car nous venions d' tâter,
  D' palper et d' visiter
   Chez monsieur Gendre.

21 janvier 1888.

LES FOUS

Air : Prenez garde! (La Dame blanche.)

A ALPHONSE ALLAIS.

« Vous prétendez que vous n'êtes pas fou ! » s'écrie M. le président, « et voici ce que vous avez fait ! Vous avez amené votre maîtresse à Aurillac, et vous vous êtes promené avec elle en voiture découverte ! »

(*Séquestration de Paul Roussilhe.*)

Gais viveurs qui, dans la province,
Voulez nocer comme à Paris,
Craignez que l'on ne vous évince
De l' « endroit » que troublent vos cris.
Votre rire est trop éclatant !
Vous devenez fous, c'est patent !
    Prenez garde ! (*Bis.*)
Sur vous, dans les coins, on bavarde !
Votre famille vous regarde
Et votre héritier vous entend !
    Prenez garde ! (*Bis.*)
L'aliéniste vous attend !

Ne jetez pas par la fenêtre
L'or que guigne un collatéral.
Gaspiller le futur bien-être

D'un descendant, c'est immoral.
Jeter l'argent qu'un autre attend,
Le crime est par trop éclatant!
    Prenez garde! (*Bis.*)
Sur vous, dans les coins, on bavarde!
Votre famille vous regarde
Et votre héritier vous entend!
    Prenez garde! (*Bis.*)
L'aliéniste vous attend!

Allez vous coucher de bonne heure;
Si, trop tard, vous rentrez au pieu,
Quelqu'un, guettant votre demeure,
Murmure ; « Il vient encor du jeu!
» Quelle honte! Dépenser tant
» Et perdre au bac, c'est révoltant! »
    Prenez garde! (*Bis.*)
Sur vous, dans les coins, on bavarde!
Votre famille vous regarde
Et votre héritier vous entend!
    Prenez garde! (*Bis.*)
L'aliéniste vous attend!

Si vous avez une maîtresse,
Aux yeux de tous, cachez-la bien.
En constatant votre tendresse,
Chacun tremblerait pour son bien :
« A cette fille il donne tant!
» Nous, nous n'aurons que le restant! »

Prenez garde! (*Bis.*)
Sur vous, dans les coins, on bavarde!
Votre famille vous regarde
Et votre héritier vous entend!
Prenez garde! (*Bis.*)
La maison des fous vous attend!

22 janvier 1888.

TOUT A L'ÉGOUT!

A ÉDOUARD NORÈS.

« Tout à l'égout ! » c'est la devise
De l'éternel Monsieur Alphand.
C'est là le but auquel il vise
Et que, sans répit, il défend.
Brodant à l'envi sur ce thème,
Il dépense tout son bagout,
Pour faire adopter son système :
  Tout à l'égout !

Ce système simple, j'avoue
Que j'en suis assez partisan :
Notre époque, à l'égout, se voue ;
C'est le Panthéon d'à présent.
Notre temps trouve à l'infamie
Un irrésistible ragout.
L'injection est son amie :
  Tout à l'égout !

A l'égout ! l'impeccable juge,
L'inattaquable magistrat,
Offrant sa robe pour refuge
A la terreur d'un scélérat !
L'ex-président de République,

A l'Élysée, en vrai grigou,
Faisant de l'usure publique :
　　Tout à l'égout !

A l'égout ! toutes ces crapules,
Du peuple hypocrites amis ;
Élus, reniant, sans scrupules,
Ce que, jadis, ils ont promis !
A l'égout ! ce monde fossile,
Du mort ayant déjà le goût,
Traînant sa vieillesse imbécile :
　　Tout à l'égout !

Un jour l'orage populaire
Viendra fondre sur les pavés.
Par les bras du peuple en colère,
Tous les faubourgs seront lavés,
Poussant des biceps et du buste,
Il enverra, plein de dégoût,
D'un seul coup de balai robuste,
　　Tout à l'égout !

　　　24 janvier 1888.

EUGÈNE LABICHE

A PAUL BUQUET.

« Dans la préface qu'il a mise en tête des œuvres d'Eugène Labiche, Emile Augier le salue comme un égal. Je le crois bien. Ils étaient faits pour se comprendre. Ils ont créé tous deux une école : l'un, l'école du sublime postiche, du « faux biceps », *l'autre celle du rire à côté*, de l'abracadabrance. »
(Paul Buquet, *Le Rire de Labiche*,
(*Cri du Peuple* d'hier.)

Eugène Labiche est défunt ;
Ce fut un maître de la scène.
Non ! sa gaîté n'est pas d'emprunt :
Elle est profonde, franche et saine.
Je suis peut-être un perroquet
Répétant ce dont il se fiche,
Mais, n'en déplaise à Paul Buquet,
J'aime le rire de Labiche.

J'aime ce rire bon enfant,
Plein d'une verve sans pareille,
Par qui la figure se fend,
Large, de l'une à l'autre oreille.
Vous dites : « Ce rire, c'est peu :
En amertume il n'est pas riche. »

Ici-bas, on rit comme on peut ;
J'aime le rire de Labiche.

Non ! le peintre de Perrichon
Ne fut point « un maître d'école » ;
Chez lui, le masque folichon,
A la figure humaine colle.
Qu'importe à l'observation
L'abri sous lequel elle niche ?
Dussé-je passer pour un pion,
J'aime le rire de Labiche.

Le bourgeois, bête comme un pot,
Qui s'étale dans son théâtre,
A du sang rouge sous la peau :
C'est de la chair et non du plâtre.
Ce prudhomme, épais et poussif,
Appelant sa femme : « Ma biche »,
Est peint d'un trait définitif.
J'aime le rire de Labiche.

Vous dites : « Ce rire enjoué
Est taillé pour un interprète. »
Erreur ! Tous les jours, mal joué,
Il met d'humbles beuglants en fête.
Malgré d'exécrables acteurs,
Je vous assure que ça biche.
Comme ces naïfs spectateurs,
J'aime le rire de Labiche.

Non, Paul Buquet, cette gaîté,
Débordant, exempte de bile,
Ce n'est pas « du rire à côté »,
Mais « du rire en plein dans le mille ».
Toujours robuste, dans cent ans,
Il éclatera sur l'affiche
Et la France, pendant longtemps,
Rira du rire de Labiche.

25 janvier 1888.

LOUISE MICHEL

Air des *Fous* (de Béranger).

A LOUIS MONTÉGUT.

Louise, c'est l'impersonnelle
Image du renoncement.
Le « moi » n'existe plus en elle ;
Son être est tout au dévouement.
Pour ce cœur vaste et secourable,
Ivre de solidarité,
Le seul air qui soit respirable,
C'est l'amour de l'Humanité.

On la condamne : elle défie
Son juge, féroce et pourri.
Qu'importe, à qui se sacrifie
Le poteau noir de Satory ?
A ses bourreaux, près de la tombe,
Elle parle fraternité.
Que lui fait la mort ? Elle tombe,
Pour l'amour de l'Humanité.

On la déporte : Elle ne souffre
Que pour ceux, près d'elle blottis :
Combien doit pleurer, dans ce gouffre,

Le père, éloigné des petits !
Captive auguste, elle ne pense,
Qu'aux frères en captivité.
Leurs blessures, elle les panse,
Pour l'amour de l'Humanité.

On l'amnistie : elle se lève
Et revient, le front calme et doux.
Grave et lente, sa voix s'élève
Et son cœur parle parmi nous.
De son repos faisant litière,
Bravant le pouvoir irrité,
Elle se donne tout entière,
Pour l'amour de l'Humanité.

On l'emprisonne : Comme au bagne,
Elle règne par la douceur,
La proxénète est sa compagne ;
La prostituée est sa sœur ;
De la voleuse elle est complice ;
Aux froides sœurs de charité
Elle parle de la Justice,
Pour l'amour de l'Humanité.

Une brute, sur elle tire
(Bien mieux qu'Aubertin sur Ferry)
Mais, loin de poser au martyre,
Elle s'arrête, puis sourit :
« C'est à moi ! Qu'on me l'abandonne ! »

Dit-elle, « qu'il soit acquitté !
Il s'est trompé ; je lui pardonne,
Pour l'amour de l'Humanité. »

Plus d'un la traite, en vrai Jocrisse,
D' « hystérique », journellement.
Crétins ! folle de sacrifice !
Hystérique de dévouement !
Écrivains aux longues oreilles,
Jadis, Plutarque eût souhaité
Beaucoup d'héroïnes pareilles,
Pour l'honneur de l'Humanité !

26 janvier 1888.

LES ÉCLIPSES

A HENRI JOUARD,
L'astronome du *Chat Noir*

Aujourd'hui, vingt-huit janvier,
A Paris, sur les dix heures
Quarante, sans rien payer,
Dehors, ou de nos demeures,
A travers les verres ronds
D'une lorgnette opportune,
Parisiens, nous pourrons
Voir une éclipse de lune.

Dans notre monde réel,
Hélas ! tout brille et s'efface.
Laissant aux savants du ciel
Les astres, changeant de face,
Qui font, dans le bleu séjour,
Des cercles ou des ellipses,
Sur la terre, chaque jour,
Nous regardons des éclipses.

Toute seule en son boudoir,
De renseignements en quête,
Sévère, dans son miroir,
S'examine une coquette.

S'arrachant un cheveu blanc,
Le cœur rempli de tristesse,
Elle regarde, en tremblant,
L'éclipse de sa jeunesse.

Dans sa caisse, un financier,
Vidé par un coup de Bourse,
Prend un billet, le dernier,
Unique et pauvre ressource.
Son coffre, hier plein d'argent,
Hélas! n'a plus une thune.
Pauvre homme! Il fixe, en rageant,
L'éclipse de sa fortune.

Avec Jean, la femme à Paul,
Vers un autre nid, la veille,
Infidèle, a pris son vol.
Le lendemain, Paul s'éveille.
D'un œil humide, où se lit
Le regret de la traîtresse,
Il contemple, dans son lit,
L'éclipse de sa maîtresse.

Pantins dont on tient les fils,
Nos députés, dans l'espace,
Regardent. Que fixent-ils?...
Est-ce un nuage qui passe?...
Muets et croisant les bras,
(Le Pouvoir vaut bien des messes!

Ils regardent, tout là-bas,
L'éclipse de leurs promesses.

Donc, tout s'éclipse, ici-bas ;
Tout s'efface sur la terre.
Seul, il ne se voile pas
L'astre noir du prolétaire.
Tuant le froid et la faim,
Par qui tout bon cœur se serre,
Quand donc verrons-nous enfin
L'éclipse de la Misère !

28 janvier 1888.

L' « ALIGNEMENT »

Air : *Ça vous coup' la gueule à quinz' pas.*

A GEORGE AURIOL.

> « — Nom de Dieu ! alignez-vous donc mieux que ça ! »
> (Paroles d'un officier à dix-huit soldats condamnés à mort, récemment fusillés au Tonkin.)

Scrongnieu ! keksekça ! condamné n'méro un !
　　Vous avez donc la moell' pourrie !
Tâchez d'mieux vous t'nir ! V'n'êt's pas encor défunt
　　Faut respecter la théorie !
　　Et vous, condamné n'méro deux !
(Faut toujours qu'i' s'r'gard'nt ce qui s'passe autour d'eux !)
　　N'prenez pas ces airs d'enterr'ment !
　　Et rentrez dans l'alignement !

Et vous, n'méro trois ! Quéqu'c'est qu'ces godillots ?
　　S'i' n'fallait pas que j' vous fusille,
J'vous f't'rais tous au clou ! R'gardez ces salopiots
　　Comm' de vrais cochons, ça s'habille !
　　Numéro quatre ! espèc' de m'lon !
Mettez la main sur la coutur' d' pantalon !
　　Boutonnez vot' culott' viv'ment !
　　Et rentrez dans l'alignement !

Tas de saligauds ! On n'en finirait pas,
    S'i' fallait qu'on les passe'en r'vue !
Attention ! sal's carn's ! On va tirer dans l'tas !
    Tâchez d'avoir une autr' tenue !
    Tous le corps droit ! Cré nom de Dieu !
Faut respecter la discipline ! En jou' ! Feu !
    Mill' nom de Dieu ! C'est assommant !
    Ils ne tomb'nt pas dans l'align'ment !

    3 février 1888.

HAUT-LE-CŒUR

Air : *On les guillotinera.* (A. Potney.)

A CLOVIS HUGUES.

« — Ma concierge sait cela. »
(Paroles de Clovis Hugues dans la
discussion Wilson à la Chambre).

Parlement vil et traqueur,
Qui protèges les canailles,
La France a des haut-le-cœur ;
Faudra bien que tu t'en ailles.

Refrain :

On les déménagera
Messieurs les parlementaires ;
On les déménagera
Et le peuple applaudira.

Sur nos députés pourris.
Leurs parjures et leurs fugues,
Tout le monde est de l'avis
D'la « concierge à Clovis Hugues. »

(*Au refrain.*)

Modérés ou radicaux,
Se disant socialistes,

Tous ne sont que des fourneaux,
Des traîtres ou des fumistes.

(Au refrain.)

Soumis et fermant les yeux,
Ils tendent tous leurs derrières
Aux coups de pied furieux
De Wilson et de Fallières.

(Au refrain.)

Pour vomir ces scélérats
Faut un remède énergique.
Par le haut ou par le bas
On nettoiera la boutique.

On les déménagera,
Messieurs les parlementaires ;
On les déménagera
Et le peuple applaudira !

5 février 1888.

LA CARMAGNOLE DES CORBEAUX

Air de : *La Carmagnole.*

A PHILIPPE GILLE.

Noirs, dans la neige, les corbeaux (*Bis.*)
Attendent les morts sans tombeaux. (*Bis.*)
  En cercle se pressant,
  Ils tournent, croassant :
  « — De partout, à la ronde,
   Vive le son ! (*Bis.*)
  La guerre approche et gronde.
   Vive le son
    Du canon !

Dansons la Carmagnole !
  Vive le son ! (*Bis.*)
Dansons la Carmagnole !
  Vive le son
   Du canon !

Les coteaux auront, au beau temps, (*Bis.*)
Moins de fleurs que de combattants. (*Bis.*)
  D'un sang jeune empourprés,
  Pour herbes, les grands prés
  Auront des baïonnettes.
   Vive le son ! (*Bis.*)
  Adieu, les alouettes !

>   Vive le son
>   Du canon !
>
> Dansons la Carmagnole !
>   *Etc., etc.*

Les bois, par les obus brisés, (*Bis.*)
Seront sans oiseaux, sans baisers. (*Bis.*)
>   Où l'amour roucoulait
>   Passera le boulet.
>   Sous les feuilles nouvelles,
>   Vive le son ! (*Bis.*)
>   Jailliront des cervelles !
>   Vive le son
>   Du canon !
>
> Dansons la Carmagnole !
>   *Etc., etc.*

Dès l'aube, à l'abri des combats, (*Bis.*)
Dans l'azur, loin des cris d'en bas, (*Bis.*)
>   Au ciel formant des ronds,
>   Corbeaux, nous planerons.
>   Sans craindre la mitraille,
>   Vive le son ! (*Bis.*)
>   Nous verrons la bataille,
>   Vive le son
>   Du canon !
>
> Dansons la Carmagnole !
>   *Etc., etc.*

Puis, le soir, lorsque les prés verts, (*Bis.*)
De cadavres seront couverts, (*Bis.*)
   Graves, nous attendrons
   L'ombre et nous descendrons
   Sur le champ solitaire,
     Vive le son ! (*Bis.*)
   Manger les morts, par terre,
     Vive le son
       Du canon !

Dansons la Carmagnole !
   Etc., etc.

Nous leur mangerons, tout joyeux, (*Bis.*)
Le ventre, la tête et les yeux. (*Bis.*)
   Corbeaux, tenons-nous prêts
   Pour le temps des cyprès.
   Au loin, l'horizon bouge ;
     Vive le son ! (*Bis.*)
   Voici le Printemps Rouge !
     Vive le son
       Du canon !

Dansons la Carmagnole !
   Vive le son ! (*Bis.*)
Dansons la Carmagnole !
   Vive le son
     Du canon ! »

8 février 1888.

LE DISCOURS DE BISMARCK

Air : *C'est pour la paix que mon marteau travaille.*

A PHILIPPE CATELAIN.

> « Le sentiment de notre force, la confiance dans nos alliances ne nous empêcheront pas de continuer à travailler, avec la même ardeur, au maintien de la paix. »
>
> (Paroles de Bismarck au Reichstag allemand).

Des Teutons guidant la Fortune,
L'énorme chancelier de fer
Parle, et, sous son poing, la tribune
Résonne avec un bruit d'enfer :
« — Il nous faut de nouvelles sommes!
En augmentant, selon vos vœux,
Nos forces, de sept cent mille hommes!
Messieurs, voilà ce que je veux :

Je veux la Paix ; car il n'est rien qui vaille
Ce mot d'amour et de prospérité.
C'est pour la maintenir que monsieur Krupp travaille :
Il ne forge du fer que pour l'humanité.

Nous pourrions, avec notre armée,
Au premier appel du tambour,

Changer l'Europe décimée
En un vaste champ de labour.
Oui, si je voulais, je m'en vante,
Le monde verrait ses cheveux,
Soudain, se dresser d'épouvante!
Mais ce n'est pas ce que je veux :

Je veux la Paix ; car il n'est rien qui vaille
Ce mot d'amour et de prospérité.
C'est pour la maintenir que monsieur Krupp travaille :
Il ne forge du fer que pour l'humanité.

Ses magasins remplis de poudre,
Bismarck, Jupiter au repos,
Attend, pour déchaîner la foudre,
Le cri de l'aigle des drapeaux.
Si l'oiseau noir qui les décore
Prend son vol, nos petits-neveux,
Dans cent ans, trembleront encore!..
Mais ce n'est pas ce que je veux :

Je veux la paix car il n'est rien qui vaille
Ce mot d'amour et de prospérité.
C'est pour la maintenir que monsieur Krupp travaille.
Il ne forge du fer que pour l'humanité. »

9 février 1888.

FUROR TEUTONICUS

A ACHILLE LEMOT.

> « En cas d'attaque, l'Allemagne entière
> saisirait le fusil et nul ne tiendrait
> contre ce *furor teutonicus* »
> (Paroles de Bismarck au Reichstag
> allemand.)

A propos d'un passage
Du discours bismarckien,
Un abonné, fort sage,
M'écrit : « Cré nom d'un chien !
On devrait interdire
Tous ces vains mots en *us*.
Q'est-ce que ça veut dire :
Furor Teutonicus ? »

Je ne lis pas Tacite
En latin ; cependant,
Dans la phrase que cite
Mon cher correspondant,
Je vais, pour le séduire,
Déchiffrer le rébus
Et tâcher de traduire
Furor Teutonicus.

Se cacher pour se battre,
Dans les forêts massés ;
Lutter vingt contre quatre ;
Achever les blessés ;
Démolir, désarmées,
A coups d'éclats d'obus,
Les villes affamées :
Furor Teutonicus.

Sous l'œil du vieux Guillaume,
Magnanime empereur,
Abattre l'humble chaume
Du pauvre laboureur ;
Livrer les champs aux flammes ;
Fusiller les vaincus
Et violer les femmes :
Furor Teutonicus.

Songeant à Saragosse,
Regarder, mais de loin,
Paris, ville colosse,
En tremblant dans son coin ;
Conquérant ridicules,
Pour d'épaisses Vénus,
Nous voler nos pendules :
Furor Teutonicus.

Gare à Quatre-Vingt-Treize,
Bismarck *imperator* !

La *Furia* française
Vaut bien votre *Furor !*
On ne craint pas la lutte
 Au pays de Brennus !
Gavroche te dit : « Flûte ! »
Furor Teutonicus.

   10 février 1888.

LES FONCTIONNAIRES

A ADOLPHE BONNET.

> « Sans sortir de la métropole, il est facile de constater combien le fonctionnariat s'est développé et se développe de jour en jour, avec ses exigences, son autoritarisme mesquin, son impertinence aussi traditionnelle que son inutilité, dans la plupart des cas. »
> (John Labusquière, Cri du Peuple d'hier).

Monsieur, avant de se coucher,
A la lueur d'une chandelle,
Féroce, est en train de chercher
L'insecte, au bois de lit fidèle.
Le fatal soufflet, braqué sur
Les coins, refuges ordinaires,
Il massacre, d'un coup d'œil sûr,
Des masses de fonctionnaires.

Madame, montrant ses appas,
Examine, pleine d'astuce,
Son corps blanc, où prend son repas,
Cynique, une invisible puce.
Elle inspecte chaque côté
Avec des airs peu débonnaires.

La coquette, sur sa beauté,
Fait la chasse aux fonctionnaires.

Bébé, dans ses beaux cheveux blonds,
Passe sa main douce et se gratte.
D'insaisissables bataillons
Marchent sur sa peau délicate.
Le môme, inquiet et nerveux,
Se plaint de ses « pensionnaires ».
Dans l'épaisseur de ses cheveux,
S'engraissent des fonctionnaires.

11 février 1888.

LES CORS DE CHASSE

SCIE DE CARNAVAL.

A RAOUL PONCHON.

Y 'a-t-i' rien qui vous agace
Comm' ces espèc's de paquets
Qui souff'nt dans des cors de chasse,
A la port' des mastroquets !

L'restant d'l'anné', dans des caves
Et dans des sous-sols profonds,
I's fil'nt des sons clairs ou graves
Qui n' travers'nt pas les plafonds.

Mais, que d l'carnaval rapplique,
Tous les ans, ces drôl's de corps
Sortent, sur la voi' publique,
Nous raser avec leurs cors.

Sur le trottoir qui se couvre
D'un tas d'badauds, i's sont là
Cinq ou six ballons du Louvre
A nous servir le mêm' plat :

Des musiqu's toujours pareilles,
De couacs émaillant leurs airs,
Qui vous cassent les oreilles
Et vous tapent sur les nerfs.

Avec tout l'vent qu'aux étoiles
I's jett'nt, pour fair' les malins,
On f'rait gonfler deux cents voiles
Et tourner plus d'cent moulins.

I's m' canul'nt tous ces Borées !
J'aim' mieux l'Jésus-Christ d'Zola.
J'en ai soupé d'leurs « curées » !
Leurs « hallalis », ah ! la, la !

Les sonneurs, je leur dis : « Flûte ! »
I's f'raient bien mieux d'nous offrir
Un solo d'violon ou d'flûte.
Les cors, moi, ça m'fait souffrir.

I's sont là, f'sant des giries
Devant l'public amassé,
Pour écouter leurs sonn'ries,
Avec un cédill' sous l'c.

Quand j'en rencontr', su' la place,
Soufflant, d'vant l'monde arrêté,
Ça m'fait jouer du cor de chasse,...
Mais pas par le mêm' côté !

15 février 1888.

COMME LES ANCIENS

Air du : *Bataillon de la Moselle* (Darcier).

A RENÉ PONSARD.

« Si nous le voulons, nous pourrons défendre notre indépendance victorieusement, comme le firent les héros de la Révolution. »

(*Cri du Peuple* d'hier.)

Anglich's, Alboch's, Italiens, Autrichiens,
    Enfin tout' la sacré' séquelle,
Après la France aboi'nt comme des chiens.
    S'ils vienn'nt nous chercher querelle,
Nous nous battrons comm' nos pèr's, les anciens   } *Bis.*
    Du bataillon d'la Moselle.

Si ces sujets nous provoqu'nt, citoyens,
    Alors la route sera belle.
Chacun chant'ra, sans pleurs quittant les siens,
    La *Carmagnole* immortelle.
Nous partirons comm' nos pèr's, les anciens   } *Bis.*
    Du bataillon d' la Moselle.

Si, comm' les moin's, ces vilains paroissiens,
    Nos souliers n'ont ni cuir ni s'melle ;
Si, par derrièr', dévoilant nos prussiens,
    Nos culott's montr'nt la ficelle,
Nous en rirons comm' nos pèr's, les anciens   } *Bis.*
    Du bataillon d'la Moselle.

Si la famine affreuse nous dit : « Tiens ! »
    Nous tendant sa maigre mamelle ;
Sans murmurer, quoique mauvais chrétiens,
    En dansant d'vant la gamelle,
Nous jeûnerons comm' nos pèr's, les anciens   } *Bis.*
    Du bataillon d' la Moselle.

D'vant les canons, remplaçant, dans leurs liens,
    Les chevaux que la mort détèle,
Nous affront'rons obus et biscaïens ;
    L'drapeau s'ra comme un' dentelle !
Comm' le drapeau de nos pèr's, les anciens   } *Bis.*
    Du bataillon d' la Moselle.

Jusqu'à ce que les fusils n'ai'nt plus d'chiens,
    On s'cogn'ra pour la Franc' nouvelle
Et si nous somm's battus par les Prussiens,
    On s'f'ra sauter la cervelle ;
Comme auraient fait nos pères, les anciens   } *Bis.*
    Du bataillon d'la Moselle.

Si la Victoire, au contrair', nous dit : « Viens !
    Et marche à l'ombre de mon aile ! »..
Nous donn'rons aux Alboch's, aux Italiens,
    Un' poigné' d'main fraternelle.
Ça f'ra plaisir à nos pèr's, les anciens   } *Bis.*
    Du bataillon d' la Moselle.

    16 février 1888.

LE PROCÈS WILSON

Air : *C'est pas vrai.*

A PAUL VIVIEN.

Dans le sal' procès d'monsieur Gendre,
V'la l'mot d'ordre que tous ont dû prendre :
— C'est pas vrai !
D'vant l'tribunal, où l'mond' s'écrase,
On n'entend répéter qu' cett' phrase :
— C'est pas vrai !
A chaque demand', tout' la clique
Des faux témoins fait cett' réplique :
— C'est pas vrai !
A tout's les questions qu'on leur pose,
I's répondent tous la mêm'chose :
— C'est pas vrai !

On s'figur', dans l'mond' des crédules,
Qu' Wilson est le roi des crapules.
— C'est pas vrai !
On os' dir' que c' coupeur de bourses
Par l'escroqu'rie augment' ses r'ssources.
— C'est pas vrai !
On ajout' que d' Grévy lui-même
L'honnêteté n'est pas extrême.
— C'est pas vrai !

Tous ces racontars fantaisistes
Lancés par les socialistes,
  — C'est pas vrai !

I's auront beau, d'vant la Justice,
Répéter d'un ton plein d' malice :
  — C'est pas vrai !
On sait qu' chos' d'puis longtemps moisie,
La probité d' la bourgeoisie,
  — C'est pas vrai !
Inutil'ment ces gros pleins-d'-soupe,
Dans l' prétoir', vienn't gueuler en troupe :
  — C'est pas vrai !
S'ils pens'nt, par cett' bêt' de réplique
Transformer l'opinion publique,
  — C'est pas vrai !

23 février 1888.

COMME TON PÈRE

A THÉRÉSA.

Debout près de l'humble tombeau
Où son époux défunt repose,
Avec son fils, robuste et beau,
Une veuve, gravement, cause :
« — La mort chante *De Profundis*
Dans notre modeste demeure.
Choisis pour modèle, ô mon fils !
Le mari qu'avec toi je pleure.

Du jour qu'il naquit, à sa mort,
Durant son existence entière,
Il fut courageux, doux et fort :
Sache vivre comme ton père.

Contre les attaques d'autrui,
Ton père, dès sa tendre enfance,
Des enfants plus faibles que lui
Prenait bravement la défense.
D'un cœur ferme et d'un esprit droit,
A vingt ans, de savoir avide,
D'amour, de justice et de droit
Il sut remplir son esprit vide.

Ouvrant le livre qui brandit
La Raison, comme une lumière,
Joyeux et pensif, il grandit.
Sache grandir comme ton père.

Nous nous aimions, lorsqu'un beau jour,
Ton père me choisit pour femme ;
Et sans cesse, son tendre amour
Me réchauffa comme une flamme.
Plus tard, quand, au monde, tu vins,
En te regardant, d'un œil trouble,
Il me dit, me pressant les mains :
« Il va falloir travailler double. »

Mon fils, lorque tu seras grand,
Si ta femme, douce et prospère,
Un beau jour, te donne un enfant,
Sache l'aimer comme ton père.

Nous étions heureux tous les trois,
Lorsqu'un an après ta naissance,
Arrivèrent les tristes mois
Où sombra notre chère France.
Il fallut quitter aussitôt
La fabrique pour la caserne,
Troquer la lime et le marteau
Contre le sac et la giberne.

Car c'était en soixante-dix ;
On se battait à la frontière.

S'il faut lutter, comme jadis,
Sache lutter comme ton père.

Un soir, de là-bas, il revint ;
Il reprit sa place à l'usine.
Je me réjouissais en vain :
Mutilé par une machine,
Son pauvre corps fut apporté.
Mort sans pompes et sans parades,
Il vint dans la tombe, escorté
Du respect de ses camarades.

Du travail sublime vaincu,
Maintenant il dort sous la terre.
Il est mort comme il a vécu :
Sache mourir comme ton père. »

28 février 1888.

A QUI L' CAL'ÇON?...

A EUGÈNE LORRAIN.

Parmi les banquistes qu'au Trône
La Foire amène tous les ans,
C'est les lutteurs surtout que j'prône
Et que j' trouv' les plus amusants.
Dans l' porte-voix qui répercute
Leurs annonces, enflant le son,
J'aim' les entendr' crier : « La lutte !...
    A qui l' cal'çon?... »

J' faisais la cour à ma voisine
Qui dit la chose à son mari.
D'puis c' temps-là, c'te brut' m'assassine ;
D' ses coups d'souliers j'suis tout meurtri.
De r' cevoir des pains ça m'agace ;
J'connais ni la box', ni l'chausson ;
J'voudrais bien qu'quéqu'un prenn' ma place !
    A qui l' cal'çon?...

Quoiqu' marié, j' possède un' maîtresse
Qu'est d'un caractère assommant.
Chaque semaine, la traîtresse
M' trompe avec un nouvel amant.
J'en ai plein l' dos de c't' infidèle ;

Je vous la céd'rai sans façon,
Si l'un d' vous m' remplace auprès d'elle !
      A qui l' cal'çon ?...

Mon épouse est très-exigeante
Sur l'articl' des d'voirs conjugaux.
De les bien remplir je me vante :
Nous avons déjà huit marmots.
C't' année, elle est encore enceinte.
Causer d'amour à l'unisson,
A la longue, moi, ça m'esquinte !
      A qui l' cal'çon ?...

Je possède un' gal' comm' bell'-mère :
D' vivre avec elle y'a pas moyen.
Si la vi' qu'ell' m' fait est amère,
De mon côté, j' le lui rends bien.
Sur elle, à tour de bras, je cogne,
Pour apprivoiser c't' hérisson.
Y' a d' quoi crever à la besogne !
      A qui l' cal'çon ?

A l'heure actuell', sur l'Europ' plane
L'inquiétude de l'avenir.
Tout l' mond', regardant, comm' sœur Anne,
Se demande qu'est-c' qui va v'nir.
« Où c't' anné' va-t-ell' nous conduire ?
Est-ce à la ruine ?... à la moisson ?...
Quel pays, l' premier, os'ra dire :
      A qui l' cal'çon ?...

Tout à l'heure, sur la chaussée,
J'ai trouvé c' joli cal'çon d' bain.
Il est d'une bell' couleur foncée ;
Mais il ne parfum' pas l' lubin.
Voyons, r'nifflons un peu la chose...
Est-ce une odeur de vieux poisson ?...
En tout cas, ça n' sent pas la rose !...
    A qui l' cal'çon ?...

1er mars 1888.

LE CHARRETIER ET LE CHEVAL

A ARMAND MASSON.

Charretier brutal et féroce
Qui tapes sur ta maigre rosse,
Au lieu de lui faire du mal,
Aime plutôt l'humble animal.
Les mêmes tâches sont les vôtres ;
Tous deux, sans répit, pour les autres,
Vous travaillez dans le brancard :
Viande à patron, viande à Macquart.

Oui, pour ton cheval, sois plus tendre ;
Vous êtes faits pour vous entendre.
Lui, la rue est son atelier ;
Ta blouse, à toi, c'est ton collier.
Du même cuir on vous harnache ;
Du fardier où l'on vous attache,
Vous haletez dans le brancard :
Viande à patron, viande à Macquart.

Pendant votre triste existence,
Tous deux, vous trimez d'importance.
C'est ton compagnon, ton copain
Et son avoine vaut ton pain.
Tes cheveux, comme sa crinière,

Blanchissent en la même ornière.
Vous vieillissez dans le brancard :
Viande à patron, viande à Macquart.

Quand vous succombez à la tâche,
Sous les yeux de la foule lâche,
Vos corps, de misère crevés,
Fraternisent sur les pavés.
On vous découpe, ou l'on vous scie :
L'équarrissage, ou l'autopsie,
Qnand vous tombez dans le brancard :
Viande à patron, viande à Macquart.

6 mars 1888.

LA CHANSON DES HOUILLEURS

Air : *Hommes noirs, d'où sortez-vous?*

A BASLY.

— Hommes noirs, d'où sortez-vous ?
— Nous sortons de dessous terre.
Nous vivons au fond des trous
Dans la mine délétère.
De l'aube à l'heure du sommeil.
Dans l'ombre, ayant pour unique soleil,
L'étoile de la lampe solitaire,
Du matin au soir, tous nous travaillons,
  C'est nous qui cherchons
  Houilles et charbons.
Afin d'enrichir messieurs les patrons.

— Hommes noirs, où fuyez-vous ?
— Nous nous sauvons de la mine.
La mort fauche dans les trous ;
Le grisou nous extermine.
Ainsi qu'un sombre oiseau des nuits,
Fondant sur les travailleurs dans les puits,
Il va mettre en deuil plus d'une chaumine
Et, pourtant, demain, nous redescendrons.
  C'est nous qui cherchons

Houilles et charbons,
Afin d'enrichir messieurs les patrons.

— Hommes noirs, que gagnez-vous ?
A bûcher ainsi sous terre ?
— A trimer au fond des trous,
Nous gagnons de la misère.
A table, du matin au soir,
La famine, hélas ! chez nous vient s'asseoir
Et quand nous rentrons, notre cœur se serre
De voir nos petits vêtus de haillons.
C'est nous qui cherchons
Houilles et charbons
Afin d'enrichir messieurs les patrons.

16 mars 1888.

LUI!

Air : *Alleluia d'amour* (J. Faure.)

A JOHN LABUSQUIÈRE.

> « Le général Boulanger venait à Paris sans permission, affublé de lunettes vertes et simulant une claudication accentuée. »
> (Rapport des mouchards.)

Sous le beau ciel qui nous enrhume,
Sans compter versant, tour à tour,
Le froid, le chaud, l'onde ou la brume
Sur tous les cerveaux d'alentour,
Voyez claudiquer dans l'espace
Ce béquillard, l'air plein d'ennui...
    Saluez! (*Ter.*)
Saluez! ce boîteux qui passe, } Bis.
Ce boîteux, c'est peut-être « lui » !

Cachant sous des lunettes bleues
Son incertaine cécité,
Dans la tristesse des banlieues
Ou dans le bruit de la cité,
Voyez s'en aller dans l'espace
L'aveugle, par son chien conduit...
    Saluez! (*Ter.*)

Saluez ! ce sans-yeux qui passe,   } *Bis.*
Ce sans-yeux, c'est peut-être « lui ! »

Quand vous croiserez, dans la rue,
Le régiment des estropiés,
Bande, sur vos pas, accourue :
Sans-yeux, sans-mains, sans-bras, sans-pieds,
Passants, esquissez dans l'espace
Un salut au coq d'aujourd'hui !
      Saluez! (*Ter.*)
Saluez ! l'estropié qui passe   } *Bis.*
L'estropié, c'est peut-être « lui ! »

17 mars 1888.

LA CARMAGNOLE DU 18 MARS

A GÉRAULT-RICHARD.

Les généraux s'étaient promis (*bis*)
D' voler ses canons à Paris. (*Bis*)
    Mais le coup a raté
    Grâce au peuple irrité.
    D'vant les fusils d' la butte,
        Les communards,
        Gare aux soudards !
—Ils ont fait la culbute.
        Peuple, gare aux
           Généraux !

    Dansons la Carmagnole !
      Les communards,
      Gare aux soudards !
    Dansons la Carmagnole !
      Peuple, gare aux
         Généraux !

Vinoy, Lecomte ou Galliffet, (*bis*)
Du mêm' limon chacun est fait. (*Bis*)
    Boulange ou Cavaignac,
    Mettons tout dans l' mêm' sac.
    C'est par eux que d' la foule,
        Les communards,
        Gare aux soudards !

Le sang à grands flots, coule.
   Peuple gare aux
      Généraux !

Dansons la Carmagnole !
   Les communards,
    Gare aux soudards !
Dansons la Carmagnole !
   Peuple, gare aux
      Généraux !

Si quelque nouveau dix-huit Mars (*bis*.)
Luit pour de nouveaux communards, (*bis*.)
   Sans peur nous fusill'rons
   Tous ceux qu'nous attrap'rons.
Cassons la margoulette,
   Les communards,
    Gare aux soudards !
Aux porteurs d'épaulette.
   Peuple, gare aux
      Généraux !

Dansons la Carmagnole !
   Les communards,
    Gare aux soudards !
Dansons la Carmagnole !
   Peuple, gare aux
      Généraux !

18 mars 1888.

LE MARRONNIER DU 20 MARS

A VICTOR DALLE.

L'Hiver, éternisant son siège
Qui nous bloque de toutes parts,
De ses doigts blancs, ourle de neige
Le noir marronnier du Vingt Mars.
Pauvre sans-abri, dont le pouce
Emerge, crevant le soulier,
Va-t-en voir si la feuille pousse
Aux branches du vieux marronnier.

Les murs, pleurant les hirondelles,
Sont plus noirs sous le blanc des toits.
Les amoureux, restés fidèles,
Se boudent dans leurs taudis froids.
Pauvre amant qui rêves de mousse
Et de fraises, dans ton grenier,
Va-t-en voir si la feuille pousse
Aux branches du vieux marronnier.

Passereau criard de la rue,
Vendeur de placards, camelot,
Qui, bravant la bise bourrue,
Va promener ton petit lot,
Le bourgeois, dont la vie est douce,

Reste en son logis casanier,
Va-t-en voir si la feuille pousse
Aux branches du vieux marronnier.

Les hypnotisés du panache,
Les somnambules du plumet,
Pauvres naïfs, foule ganache,
Qui rêvez d'un sabre au sommet,
Marianne, la grande Rousse,
A soupé de votre laurier ;
Allez voir si la feuille pousse
Aux branches du vieux marronnier.

20 mars 1888.

GUILLAUME ET COMPAGNIE

OPINION DE GAVROCHE

A MOUSSEAU.

Vrai, c' qu'i's m'agac'nt, les journaux !
I's sont tous à fair' des magnes.
En nous parlant des fourneaux
Qui gouvern'nt tout's les All'magnes ;
« Pauv's gens ! i's n'se port'nt pas bien
Et les méd'cins les achèvent.
D'les sauver y'a p'us moyen. »
    Ah ! zut ! faut qu'i's crèvent !

La série à commencé
Par Fritz, l'homme à la canule :
« L'mal, enfin s'est-il lassé ?...
Va-t-i' casser sa pendule ?...
Sur le trôn' montera-t-il ?...
La Mort, là bas, sur la grève,
Le prendra-t-elle, en exil ?... »
    Ah ! zut ! faut qu'i' crève !

Après est venu le tour
De Guillaum' premier : « L'colosse,
Hier, a pu faire un tour.
Mais en descendant d' carrosse,
Atteint d'un refroidiss'ment
Le vieux, qu' la maladie achève,

N' sort plus d'son appartement. »
    Ah ! zut ! faut qu'i' crève !

A présent c'est d'Augusta
Que, dans la presse, on s'occupe :
« Qui va gouverner l'État?...
Le casque à pointe?... ou la jupe ?...
Pauvre femm'! quand donc la mort
Enfin s'mettra-t-elle en grève ?...
Chaqu' jour, un autr' deuil la mord. »
    Ah ! zut! faut qu'a crève !

L' matin, c'est Bismarck qu'on dit
Malad', dans un' nouvell' vague,
Le soir, l' public interdit
S'aperçoit que c'est un' blague,
Le lendemain, il paraît
Qu'i' souffr' beaucoup, quand i' s'lève.
Le surlend'main, c'est pas vrai !
    Ah ! zut ! faut qu'i' crève !

En All'magn', maint'nant, la cour
D'un' peur nouvelle est tout' blême :
Le Kronprinz à l'bras trop court ;
I' n' peut plus s' moucher lui-même.
On s' demand', l'air ennuyé,
Quand, allant qué' qu' part, i' s'lève :
« Comment va-t-i' s'essuyer ?... »
    Ah ! zut! faut qu'i' crève !

    28 mars 1888.

LES MANIFESTATIONS BOULANGISTES

Air de : La Légende de Saint-Nicolas.

A HENRY SOHN.

Dans le vieux quartier du Croissant
Où le bruit va toujours croissant,
Hier, la foule s'ameutait,
Et voici ce qu'on répétait :

« — Il était trois petits garçons
Qui passaient, chantant des chansons.

Rentrant à l'école, à midi,
L'un d'eux, aux autres, avait dit :
« Les maîtres, c'est bien ennuyeux ;
Promenons-nous, ça vaudra mieux. »

Il était trois petits garçons
Qui passaient, chantant des chansons.

Voulant s'en donner tout son saoûl,
Chacun s'acheta, pour un sou,
Un petit drapeau de bazar ;
Puis ils partirent au hasard.

Il était trois petits garçons
Qui passaient, chantant des chansons.

Mais un drapeau ça ne suffit,
Pas ; aussi chacun d'eux se fit,
Avec la moitié d'un journal,
Un grand chapeau de général.

Il était trois petits garçons
Qui passaient, chantant des chansons.

Alors, heureux comme des rois,
Se donnant le bras tous les trois,
Ils chantèrent, comme des fous,
Et « C'est ta poire ! » et « Les Pioupious ! »

Il était trois petits garçons
Qui passaient, chantant des chansons.

Mais ils chantèrent si longtemps
Qu'ensemble, le soir, leurs parents,
Quand sonna l'heure du coucher,
Descendirent, pour les chercher.

Il était trois petits garçons
Qui passaient, chantant des chansons.

Quand ils les eurent retrouvés,
Déambulant sur les pavés,
Les parents flanquèrent des gnons
Aux trois effrontés compagnons.

Il était trois petits garçons
Qui passaient, chantant des chansons.

Ça fit un grand rassemblement
Que les sergots, brutalement,
Dispersèrent, criant : « Allez !
» Circulez! Messieurs !!! Circulez !!!

Il était trois petits garçons,
Qui passaient, chantant des chansons. »

Et le lendemain, les journaux,
Nous prenant tous pour des fourneaux,
Disaient : « Malgré le mauvais temps,
C'était plein de manifestants. »

Tout ça, pour trois petits garçons
Qui passaient, chantant des chansons.

29 mars 1888.

LES OUVRIERS DE FRANCE

Air des : *Ploupious d'Auvergne.*

A JULES JOFFRIN.

  Maigres prolétaires,
  Modestes héros,
  Gare aux militaires !
  Aux « brav's généraux » !
  L' fusil, la giberne
  N'aim'nt pas les outils.
  L' peuple, à la caserne,
  N'eut jamais d'amis.

Quand, dans la ru', nous descendrons, tout blêmes,
   Seuls, nous nous batt'rons ;
   Chassant les patrons,
Dans les fournils, nous f'rons not' pain nous-mêmes
   Et, pour le manger,
  Nous nous pass'rons bien d' Boulanger,

  De mêm' qu'il se cabre
  D'vant les avocats,
  Le peuple, du sabre,
  N' fait non plus grand cas.
  Tout ça, ça jacasse.
  Sous différents noms ;

Faut d'abord qu'on casse,
La gueule aux canons.

Quand, dans la ru', nous descendrons, tout blêmes,
Seuls, nous nous batt'rons ;
Chassant les patrons,
Dans les fournils, nous f'rons not' pain nous-mêmes
Et, pour le manger,
Nous nous pass'rons bien d'Boulanger.

Amants d' l'épaulette
Et d' la corde au col,
Sachez-le, la bête,
Brisant son licol,
Malgré les épates
De Clermont-Ferrand,
N'veut plus, pour ses pattes,
D'maréchal-ferrant.

Quand, dans la ru', nous descendrons, tout blêmes
Seuls, nous nous batt'rons ;
Chassant les patrons,
Dans les fournils nous f'rons not' pain nous-mêmes
Et, pour le manger,
Nous nous pass'rons bien d'Boulanger.

7 avril 1888.

L'ANTI-BOULANGISTE

Air : *C'est la poire.*

A GEORGES LEFÈVRE.

« Brav' général » que l'on prône,
Qui nous montes des bateaux,
Viens à la Fête du Trône,
Parader sur les tréteaux.
Pour ton incertaine gloire,
Le Panthéon, c'est bien haut.
   Oh ! oh ! oh ! oh !
C'est la foir', la foir', la foire.
C'est la foire qu'il te faut !

Près de l'Auguste ganache,
Devant le cirque à Corvi,
Viens montrer ton grand panache
Aux yeux du public ravi.
Monté sur ta jument noire,
Viens sauter dans un cerceau.
   Oh ! oh ! oh ! oh !
C'est la foir', la foir', la foire,
C'est la foire qu'il te faut !

Brandissant ton fameux sabre,
Chez Cocherie ou Becker,
Sur ton cheval qui se cabre,
Arrive imiter Kléber.
Le grand Mangin, c'est notoire,
T'applaudira du tombeau.
    Oh ! oh ! oh ! oh !
C'est la foir' ! la foir' ! la foire,
C'est la foire qu'il te faut !

Bourreau de soixante-et-onze,
La victime se souvient.
Le pain d'épice est le bronze
Qui, pour ton buste, convient.
En biscuit de Reims, l'histoire
Te verra, stupide et beau.
    Oh ! oh ! oh ! oh !
C'est la foir', la foir', la foire,
C'est la foire qu'il te faut !

    8 avril 1888.

BOULANGE

Air de : *Paillasse.*

A GEORGES MONTORGUEIL.

Illustre général Pasquin,
    Rasoir comme un remède,
Qui transform's en batt' d'Arlequin
    Ta bonn' lam' de Tolède,
      Afin d'complaire aux
      Montreurs de héros
    Qui t'exhib'nt à la ronde,
      Boulang', mon ami,
      N' saut' pas à demi,
    Saute pour tout le monde.

Saute pour les intransigeants,
    Pour les bonapartistes ;
Saute pour les class's-dirigeants,
    Pour les orléanistes.
      Comme un ours cabot,
      Grogne ou fait le beau,
    En dépit de la fronde.
      Boulang', mon ami,
      N' saut' pas à demi,
    Saute pour tout le monde.

Saute pour le tas de badauds
  Qui coup'nt dans ta pommade.
Fais-toi voir, de ventre ou de dos,
  Comme un acteur nomade.
   Au sud comme au nord,
   Montr', comme un ténor,
  Ta voix et ta faconde.
   Boulang', mon ami,
   N' saut' pas à demi,
  Saute pour tout le monde.

Saute surtout pour les roublards
  Qui s'engraiss'nt de ta viande.
Saut' pour les anciens communards ;
  Pour Laguerre et sa bande.
   Par toi, les gogos
   Donn'nt leurs monacos ;
  De partout l'or abonde.
   Boulang', mon ami,
   N' saut' pas à demi,
  Saute pour tout le monde.

  9 avril 1888.

LES LIEUTENANTS DE CÉSAR

I

Laguerre.

Air de : *La Terre*.

A HENRY FOUQUIER.

Le Barnum de Boulanger,
 C'est Laguerre.
Qui qui fait qu' se déranger ?
 C'est Laguerre.
Qui parle au Nord, au Midi ?
 C'est Laguerre.
Qui qui ment dans tout c' qu'i' dit ?
 C'est Laguerre.

Qui qu'est qu'un ambitieux ?
 C'est Laguerre.
Un roublard astucieux ?
 C'est Laguerre.
Qui qui s' dit républicain ?
 C'est Laguerre.
Mais qui qu'est qu'un arlequin ?
 C'est Laguerre.

Le plus toc des avocats,
C'est Laguerre.
Des prév'nus qui fait peu d' cas?
C'est Laguerre.
Qui qui défend les mineurs?
C'est Laguerre.
Pour arriver aux honneurs?
C'est Laguerre.

Qui qu'aim' le gibier d' prison?
C'est Laguerre.
Qui serr' la main à Wilson?
C'est Laguerre.
Qui qu'est l' dign' pendant d' Lalou?
C'est Laguerre.
Qui ménag' la chèvre et l' chou?
C'est Laguerre.

De tout's chos's qui qu'est l'écueil?
C'est Laguerre.
Car qui qu'a le mauvais œil?
C'est Laguerre.
Qui qui rat' dans tout c' qu'i' fait?
C'est Laguerre.
Qui qu'est l' troisièm' frèr' Lionnet?
C'est Laguerre.

Qui qu'est l' typ' de l'intrigant?
C'est Laguerre.

Qui cach' la main sous le gant ?
　　C'est Laguerre.
Qui qu'écopera, pour sûr ?
　　C'est Laguerre.
Qui que nous coll'rons au mur ?
　　C'est Laguerre.

Bref, qui qui fait trop causer ?
　　C'est Laguerre.
Qui commence à nous raser ?
　　C'est Laguerre.
Qui que l' peup' croira jamais ?
　　C'est Laguerre.
Qui qui d'vrait nous foutr' la paix ?
　　C'est Laguerre.

10 avril 1888.

LES DRAGONS DE BOULANGE

PARODIE DES DRAGONS DE VILLARS

Air : *Ne parle pas, Rose, je t'en supplie !*

A VICTORINE DEMAY.

M. LAGUERRE

Ne parle pas, Georges, je t'en supplie !
Car te trahir serait un grand péché.
Garde secret le contrat qui nous lie ;
Aux yeux de tous il doit rester caché.
Comme Trochu, laisse chez ton notaire
Le plan fameux du prochain branle-bas.
Comme un soldat de Scribe, il faut te taire ;
Ne parle pas, Georges, ne parle pas !

THIÉBAUT

La ruse doit inspirer ton escrime :
Seras-tu Monck ?... Napoléon-le-Grand ?
Sache imiter la belle pantomime
De ton rival, l'illustre Paul Legrand.
De Deburau singeant le masque exsangue,
Roule les yeux, discoure avec les bras.

Soigneusement, mets un bœuf sur ta langue ?
Ne parle pas, Georges, ne parle pas !

ROCHEFORT

Que seras-tu ? Dieu ? table ? ou bien cuvette ?
Reste immobile et muet comme un sphynx.
Entre tous les partis fais la navette ;
Pour y voir clair, il faut un œil de lynx.
Auprès de toi, bavard vous semble un phoque ;
Mais ton silence est pour moi plein d'appas.
Laisse-moi spéculer sur l'équivoque ;
Ne parle pas, Georges, ne parle pas !

11 avril 1888.

DERRIÈRE LE SAPIN

RÉCIT D'UN GOGO

Air de : *Derrière l'omnibus.*

A RODOLPHE SALIS.

Avant-hier soir, place du Trône,
Je reconduisais un copain ;
Quand un homme à la barbe jaune,
Soudain, monta dans un sapin.
Je suivis, léger comme un faune,
Celui qu'on venait de charger.
    Jugez quelle veine j'ai :
    C'était lui, lui, Boulanger !

Derrière la voiture au trot,
Tralalalala ! Tralalalala !
Je courus, en chantant tout haut,
    Tralalalalala !
« C'est Boulange, lang' qu'il nous aut »
    Tralalalalala !

Le long du boulevard Voltaire,
J'escortai, sans me déranger.
Le fiacre au brave militaire,
En criant : « Vive Boulanger ! »

Jusqu'au Château-d'Eau, sans me taire,
J'accompagnai le futur roi.
    Des promeneurs, pleins d'émoi,
    Vinrent courir avec moi.

Sans cesse d'un nouveau passant,
Tralalalala ! Tralalalala !
L'escorte allait se grossissant,
    Tralalalalalala !
Nous fûmes bientôt plus de cent ;
    Tralalalalalala !

Au boulevard Bonne-Nouvelle,
Nous étions quatre cents chanteurs,
Hurlant la même ritournelle,
Au grand effroi des promeneurs.
Des marmitons, en ribambelle,
Suivaient la voiture en criant
    Comme des fous, oubliant
    La tourte au pauvre client.

Courant derrière le sapin,
Tralalalala ! Tralalalala !
En passant devant chez Frontin,
    Tralalalalalala !
Nous étions mille, c'est certain :
    Tralalalalalala !

Au tournant du Faubourg-Montmartre,
Nous étions plus de quinze cents,

Et la foule, comme une dartre,
Grandissait de nouveaux passants.
Blouses et paletots de martre,
Tous, les bourgeois et les voyous,
    Entonnaient, comme des fous,
    C'est la poire ! et *Les Pioupious.*

Enfin, vers dix heures du soir,
Tralalalala ! Tralalalala !
Le sapin, le long du trottoir,
    Tralalalalala !
S'arrêta devant le *Chat Noir.*
    Tralalalalala !

Boulange, en redingote grise,
Enfin, du fiacre, descendit.
La foule, de l'idole éprise,
Afin de l'embrasser, bondit.
Jugez un peu de la surprise :
Le général, beau comme un lys,
    Aux yeux de volubilis,
    C'était Rodolphe Salis !

En riant, ce Boulange *ad hoc,*
Tralalalala ! Tralalalala !
Nous dit, se dressant comme un coq,
    Tralalalalala !
« Entrez donc plutôt prendre un bock. »
    Tralalalalala ! »

12 avril 1888.

LA PIPE BOULANGER

MÉSAVENTURE D'UN GOBE-MOUCHE

Air : *Toto Carabo.*

A ROBERT SHERARD.

L'autr' mois, ru' Cassette,
J' vois un' pip' Gambier
R'présentant la tête
Du brav' Boulanger.
J' m'écrie, ébaubi :
« Titi Carabi,
Cristi ! qu'il est beau !
Toto Carabo ! »

J' fouill' dans ma profonde,
J'y trouve un gros sou.
En bousculant l' monde,
J'entre, comme un fou,
Ach'ter, dans l' débit,
Titi Carabi,
Ce brûl'-gueul'-flambeau,
Toto Carabo.

Plein d' respect, j' l'allume
J' tire avec amour.

Six s'main's, je la fume,
La nuit et le jour.
J'ai mêm', foi d' Bibi,
Titi Carabi,
Pigé-z-un bobo,
Toto Carabo.

J' fumais par principe,
Afin d' protester.
J' voyais ma chèr' pipe,
Prête à s' culotter,
D'venir, p'tit à p'tit,
Titi Carabi,
Noir' comme un corbeau,
Toto Carabo.

Or, cette semaine,
En rigolant, j'ai
Cassé, quell' déveine !
Ma pip'-Boulanger.
D' mon héros chéri,
Titi Carabi,
J' n'ai plus qu'un morceau,
Toto Carabo.

MORALE

Prétendant cocasse,
Puffiste assommant,
Prends garde à la casse

Du dernier moment
Tu s'ras estourbi,
Titi Carabi,
Comme un vieux fourneau,
Toto Carabo.

13 avril 1888.

AUX ÉLECTEURS DU NORD

Air des : Pioupious d'Auvergne.

L'homme à Déroulède,
Le vil Boulanger,
Vous abuse, à l'aide
Du spectre étranger.
Ce faux patriote,
Voyez-le venir :
Il veut, sous sa botte,
Mettre l'avenir.

Ne votez pas pour l'homme de Laguerre ;
Le traître, aujourd'hui,
Électeurs, c'est lui.
C'est pour être César qu'il veut la guerre.
Voilà le danger :
Ne votez pas pour Boulanger.

Ce pantin qu'on prône,
Veut, dans votre sang,
Ramasser un trône,
Devenir puissant.
Son patriotisme
N'est qu'un truc menteur
Offert au gâtisme
Du simple électeur.

Ne votez pas pour l'homme de Laguerre ;
　　　Le traître, aujourd'hui,
　　　Électeurs, c'est lui.
C'est pour être César qu'il veut la guerre,
　　　Voilà le danger :
　Ne votez pas pour Boulanger

　　　Ouvriers et rustres,
　　　Assez de pasteurs !
　　　Plus de chefs illustres !
　　　De triomphateurs !
　　　La levée en masse
　　　Forge des héros.
　　　En France, on se passe
　　　Bien des généraux !

Ne votez pas pour l'homme de Laguerre ;
　　　Le traître, aujourd'hui,
　　　Électeurs, c'est lui.
C'est pour être César qu'il veut la guerre,
　　　Voilà le danger :
　Ne votez pas pour Boulanger.

14 avril 1888.

ÉLECTEURS, VEILLEZ!

Air : *Sentinelle, veillez!* (Georges Fragerolle.)

AUX ÉLECTEURS FRANÇAIS.

— Électeur prévoyant et sage,
  Au Nord, que vois-tu?
— Je vois, sinistre de visage,
César, de pourpre revêtu ;
Surmontant son regard oblique,
Une couronne, et sous ses pieds,
La France avec la République,
  — Électeurs, veillez !

— Électeur vraiment patriote,
  Au Sud, que vois-tu ?
— Je vois Judas Iscariote,
Le vice insultant la vertu ;
Du peuple, les faux mandataires,
Devant le dictateur pliés
Et mendiant des ministères.
  — Électeurs, veillez !

— Électeur qu'on flatte et qu'on joue,
  A l'Ouest, que vois-tu?
— Je vois, dans le sang et la boue,
Le Socialisme battu ;

Des chiens en quête de curée,
Tous les appétits réveillés
Et la foule encor massacrée.
     — Électeurs, veillez !

— Électeur de la France libre,
    A l'Est, qu'entends-tu ?
— J'entends le lourd canon qui vibre,
Roulant sur le pays battu ;
César dégringolant du faîte,
L'invasion dans nos foyers,
La ruine après la défaite ;
     — Électeurs, veillez !

15 avril 1888.

LA BOULE A BOULANGER

OPINION D'UN FLANEUR

A ANTONIN MERCIÉ.

Air de : *L'amant d'Amanda.*

Quoiqu' je n'aim' pas Boulanger,
Faut pas croir' que je l'débine.
Moi, c' qui m' fait surtout rager,
C'est qu'on voit trop sa bobine.
De c't'ex-général gaffeur,
On n'rencontr' que la bell' barbe.
Toujours c'te têt' de coiffeur,
A la longu', ça d'vient rhubarbe !

Vraiment, a vous pousse à bout,
  La boule à Bou ; (*Bis.*)
On devrait bien nous changer
  La boule à Boulanger.

A Paris, on ne peut pas
Se ballader dans les rues,
Sans rencontrer sur ses pas
L' faux Salis chéri des grues.
Dans les couplets d' romanciers,
Il remplace l'hirondelle.

Pour leurs montr's, les épiciers
Le sculpt'nt en marbr' de chandelle.

Vraiment, a vous pousse à bout,
  La boule à Bou ; (*Bis.*)
On devrait bien nous changer
  La boule à Boulanger.

C' César avant l' Rubicon,
D' sa trompette inond' la France.
Il fait, à l'Amer-Picon,
Un' déloyal' concurrence.
Pour que leurs goss's aient les traits
De ce Christ, comme des saintes,
On voit, devant ses portraits,
Prier les femmes enceintes.

Vraiment, a vous pousse à bout,
  La boule à Bou ; (*Bis.*)
On devrait bien nous changer
  La boule à Boulanger.

Pour épater les bénêts
Qui coup'nt dans cett' fauss' binette,
On l'expose aux cabinets,
Planant dessus la tinette.
D' cett' façon, les partisans
De l'homme à la barbe jaune
Font accroire aux paysans
Qu'il est déjà sur le trône.

Vraiment, a vous pouss à bout,
La boule à Bou ; (*Bis.*)
On devrait bien nous changer
La boule à Boulanger !

16 avril 1888.

LES IRRESPONSABLES

Air : *Le rêve du paysan.* (Pierre Dupont.)

A LÉOPOLD LACOUR.

Nombreux comme les grains des sables,
Le nom du maître sur la peau,
Regardez les irresponsables
Passer, là-bas, comme un troupeau.
Dans cette foule, pêle-mêle,
Le bœuf mugit pour son boucher,
Le mouton naïf saute et bêle
Pour le fer qui va l'écorcher.

    Marche, bon troupeau, marche !
Au césarisme sers de marche.
Pauvres bestiaux, sans le savoir.
Allez, sans entendre et sans voir,
    A l'abattoir ! (*Bis.*)

Va, bœuf stupide, avance et beugle,
Sans voir l'arme dans le fourreau.
Va-t'en vers la mort, pauvre aveugle,
Conduit par le chien du bourreau.
Vieux laboureur de la prairie,
Ami paisible du semeur,
Là-bas, ce n'est pas l'écurie,
Mais le marteau de l'assommeur.

Marche, bon troupeau, marche !
Au césarisme sers de marche.
Pauvres bestiaux, sans le savoir,
Allez, sans entendre et sans voir,
A l'abattoir ! (*Bis.*)

Marche, naïf mouton champêtre ;
Va donner ton sang au pressoir.
Les prés sanglants où tu vas paître,
C'est le pavé de l'échaudoir.
Saute et bêle, plein d'allégresse ;
Mais prends bien garde à ton berger ;
Car si ton maître te caresse,
C'est afin de mieux te manger.

Marche, bon troupeau, marche !
Au césarisme, sers de marche.
Pauvres bestiaux, sans le savoir,
Allez, sans entendre et sans voir,
A l'abattoir ! (*Bis.*)

Avancez tous, gogos stupides,
Bêtes en quête d'un licou.
Sous l'aiguillon, allez, rapides,
A l'égorgeur tendre le cou.
Mais ne te plains plus, quand tu bouges.
Peuple qui fais des dictateurs,
Si ton César a les mains rouges
Du sang de tous ses électeurs !

Marche, bon troupeau, marche !
Au césarisme sers de marche.
Pauvres bestiaux sans le savoir,
Allez, sans entendre et sans voir,
  A l'abattoir ! (*Bis.*)

17 avril 1888.

LES RESPONSABLES

Air : *On les guillotinera,*
Messieurs les propriétaires !
(Alexandre Pothey.)

A ERNEST GROOUT.

Les députés renégats,
Les vendus, ex-pamphlétoires,
Les morveux et les gagas,
Prenez garde aux prolétaires !

On les exécutera,
Messieurs les plébiscitaires ;
On les exécutera,
Quand la Rouge reviendra.

Courtisans des ouvriers,
Ralliés aux militaires,
Tous, sur le volet triés,
Vos corps fumeront nos terres.

On les exécutera,
Messieurs les plébiscitaires ;
On les exécutera,
Quand la Rouge reviendra.

Parjure prônant si fort
Les soldats autoritaires,
Ton pantalon, Rochefort,
Verra de drôles d'affaires.

On les exécutera,
Messieurs les plébiscitaires ;
On les exécutera,
Quand la Rouge reviendra.

Piètre avocat fanfaron
Qui rêv's d'un tas d' ministères,
Laguerr', nos fusils t' feront
L'effet de plusieurs clystères.

On les exécutera,
Messieurs les plébiscitaires ;
On les exécutera,
Quand la Rouge reviendra.

Quand, à Vergoin sans cercueil,
Les herb's tiendront lieu de suaires,
Mademoisell' de Sombreuil
D' son sang pourra boir' deux verres.

On les exécutera,
Messieurs les plébiscitaires ;
On les exécutera,
Quand la Rouge reviendra.

Laur, Mich'lin, Le Hérissé,
Infidèles mandataires,
Auront le front hérissé,
Quand s'réveill'ront les colères.

On les exécutera,
Messieurs les plébiscitaires ;
On les exécutera,
Quand la Rouge reviendra.

Tas de bandits triomphants,
Profitez d'vos jours prospères ;
Car, tôt ou tard, les enfants
Feront ce qu'ont fait leurs pères.

On les exécutera
Messieurs les Plébiscitaires ;
On les exécutera,
Quand la Rouge reviendra.

18 avril 1888.

LA SAINTE BOULANGE

> « Ne touchez pas à la Bou-
> lange ! »
> Séverine. (*Cri du Peuple.*)

A LÉON HUGONNET.

Un ancien dicton étranger
Dit : « Ne touchez pas à la reine ! »
« Ne touchez pas à Boulanger ! »
Clament ses amis, dans l'arène.
Nous, n'en déplaise aux éperdus
Prosternés devant leur bel ange,
En dépit de tous les vendus,
Nous toucherons à la Boulange.

Oui, tous les attelés au char,
Tous les courtisans du parjure,
Sans peur, bravant votre César,
Nous lui prodiguerons l'injure.
Barras ne nous mâtera point,
Malgré Mademoiselle Lange.
Tous les jours, lui montrant le poing,
Nous toucherons à la Boulange.

Tous les jours, leur crachant au nez,
Affrontant la boue et l'insulte,

Nous traiterons les prosternés
A grands coups de pieds dans le culte.
En citoyens, nous parlerons
Au Bonaparte de la fange
Et nous le déboulonnerons :
Nous toucherons à la Boulange.

Ah ! certes, tous, nous le savons,
Tas d'aplatis, foule vassale,
En dépit de tous les savons,
Toucher à Boulanger, c'est sale.
Mais dussions-nous mettre des gants
Ou tarir toute l'eau du Gange,
Nous démasquerons les brigands :
Nous toucherons à la Boulange.

Rochefort, insurgé foireux,
Laur, Vergoin, Michelin, Laguerre,
Tous les valets, les fanfareux,
Socialistes de naguère,
Renégats, traîtres avérés,
Quelquefois le peuple se venge.
Que Mars revienne ! et vous verrez
Si nous touchons à la Boulange !

19 avril 1888.

LA PREMIÈRE VICTOIRE DE BOULANGER

Air de : *La légende de saint Nicolas.*

A JEAN ALLEMANE.

Place de la Concorde, hier soir,
Cinq ennemis de tout pouvoir,
Se rendaient, bravant l'ouragan,
Pour crier : « A bas le brigand ! »

Il était cinq républicains
Qui criaient : « A bas les coquins ! »

Quand vint le fiacre à Boulanger,
Les cinq, affrontant le danger,
Crièrent au triomphateur :
« A bas l'ignoble dictateur ! »

Il était cinq républicains
Qui criaient : « A bas les coquins ! »

Furieux, deux mille valets
Se ruant ensemble sur les
Cinq intrépides citoyens,
Aboyèrent comme des chiens.

Il était cinq républicains
Qui criaient : « A bas les coquins ! »

Les suppots du futur tyran,
De tous côtés les entourant,
Les frappèrent, criant très fort :
« Tuez-les tous ! A mort !! A mort !!! »

Il était cinq républicains
Qui criaient : « A bas les coquins ! »

Seuls, dans la meute, cependant
Les cinq braves, se défendant,
Criaient, pleins d'indignation :
« Vive la Révolution ! »

Il était cinq républicains
Qui criaient « : A bas les coquins ! »

Voulant museler ces hardis,
Alors, les deux mille bandits,
Dignes suppôts de Rochefort.
Se jetèrent sur le moins fort.

Il était cinq républicains
Qui criaient : « A bas les coquins ! »

Et tous, le poussant dans un coin,
A coup de pied, à coup de poing,
Ils frappèrent le pauvre enfant,
Puis partirent, l'air triomphant.

Il était cinq républicains
Qui criaient : « A bas les coquins ! »

Et dans tous leurs journaux du soir,
Les valets du futur pouvoir,
Dans tout Paris faisaient crier :
« La victoire de Boulanger ! »

Il était cinq républicains
Qui criaient : « A bas les coquins ! »

20 avril 1888.

LA MARSEILLAISE DES PROSTITUÉES

Air de : *La Marseillaise.*

A PAUL DE SCELLIER.

« Les antiboulangistes sont entourés ;
on veut les frapper, les bousculer ; les
filles sont les plus enragées et hurlent
pour leur faire crier : Vive Boulanger. »
(*Parti Ouvrier* d'hier.)

Pauvres filles dont les cœurs saignent
D'amour pour le nouveau César,
Que les circonstances contraignent
A fermer, quelques jours, bazar (*bis*).
Consacrons, humbles volontaires,
Au triomphe de Boulanger,
Le repos, hélas ! passager,
Auquel nous forcent les affaires.

Aux armes ! les catins ! Formez vos bataillons !
Marchons (*bis*) ! qu'un sang impur abreuve nos sillons!

Dans les dangers et les bagarres,
Sans peur on nous verra courir.
Pour le Bonaparte des gares,
Nous saurons combattre et mourir (*bis*) !
Vergoin, protégeant nos derrières,
En voyant notre sang couler,

Sur la place viendra gueuler »
« Horreur! on égorge nos frères! »

Aux armes! les catins! Formez vos bataillons!
Marchons (bis) qu'un sang impur abreuve nos sillons!

    Boulange, entrant dans la carrière,
    Quand l'ennemi sera battu,
    Retrouvera, dans la poussière,
    Les traces de notre vertu (bis)!
    Trônant dans son apothéose.
    Il ne pourra pas contester,
    Que nous avons, sans hésiter,
    Versé notre sang pour la cause.

Aux armes! les catins! Formez vos bataillons!
Marchons (bis)! qu'un sang impur abreuve nos sillons!

    Tribuns, écrivains, bandagistes,
    Sous notre toit hospitalier,
    Que, désormais, les boulangistes
    Entrent, sans bourse délier (bis)!
    Mais, sous peine de forfaiture,
    Égorgeons tous les scélérats
    Qui viennnent, jusque dans nos draps,
    Crier : « A bas la dictature! »

Aux armes! les catins! Formez vos bataillons!
Marchons (bis)! qu'un sang impur abreuve nos sillons!

21 avril 1888.

PLUS DE PRÉSIDENT !

Air : *La bonne aventure.*

AUX DÉPUTÉS ET SÉNATEURS RÉPUBLICAINS

« Nous devons faire élire le président
de la République par le suffrage universel. »
(Paroles du boulangiste Laur,
à Marseille.)

Pour faire pièce aux coquins :
   Boulange et sa clique,
Suivez tous, républicains,
   Mon conseil pratique :
Contre eux tous vous défendant,
Supprimez le président
   De la République,
     O gué!
   De la République !

La présidence est le but
   Du César oblique.
Éventant, dès le début,
   Son truc monarchique,
Pour mâter le prétendant,
Supprimez le président
   De la République,

O gué !
De la République !

« Il veut la Révision ! »
  Gueule sa boutique.
Suivez, sans division,
  Cette politique
Du réformateur ardent :
Supprimez le président
  De la République,
    O gué !
  De la République !

Brisant ce dernier licou,
  D'un poing énergique,
Frapper fort et d'un seul coup ;
  Voilà la logique.
Aux actes vous décidant,
Supprimez le président
  De la République,
    O gué !
  De la République !

Mais devant César, si vous
  Avez la colique,
Le vrai peuple, en son courroux,
  Flot démocratique,
Bravant la voix du canon,

Pendra Boulanger, au nom
De la République,
O gué !
De la République !

22 avril 1888.

LA MARMITE

Air de : *La Chanson du casque.* (Charles Lecoq.)

A GABRIEL BONNET.

« Boulanger, qui ne peut disposer que des 10,000 francs alloués aux généraux en retraite, fait la fête : il a carrosse et valets. Boulange est donc entretenu, et richement. »

(*Parti ouvrier* d'hier).

Il était une fois un gonse,
De notre armée ancien soldat,
Et qui prit le métier d'Alphonse.
Voici ce qui l'y décida :
Il voulait porter la couronne ;
Mais comme il n'avait pas le sou,
Une dame, riche personne,
Pour lui mit sa fortune au clou !
    Ça va bien (*Bis*) !

Ernest dit à sa marmite :
« Aboule la braise, et vite !
Ta galette, c'est mon bien
Ça va bien, ça va bien (*Bis*) !   (*Bis.*)
    Tralalalalala, etc., etc. »

Quoique sans sabre et sans panache,
Il avait toujours l'air vainqueur ;
Après sa barbe et sa moustache,

L'inconnue accrocha son cœur.
Pour que César, au Capitole,
Se couronnât de verts lauriers,
La bonne dame, du Pactole,
Fit couler tout l'or à ses pieds.
    Ça va bien (*Bis*) !

Ernest dit à sa marmite :
« Aboule la braise et vite !
Ta galette c'est mon bien !   (*Bis.*)
Ça va bien, ça va bien (*Bis*) !
    Tralalalalala, etc., etc. »

Mais, un jour, d'abouler la braise,
La bonne dame s'arrêta.
Ernest, la déclarant mauvaise,
Dût remiser son coup d'État.
Bien loin du trône, assis par terre,
Lâché par ses amis peureux,
Il s'aperçut que ni Laguerre,
Ni Laur ne nous rendent heureux.
    Ça va mal (*Bis*) !

Ernest, resté sans marmite,
Vivant comme un pauvre ermite,   (*Bis.*)
Vendit jusqu'à son cheval.
Ça va mal, ça va mal (*bis*) !
    Tralalalalala, etc,. etc.

23 avril 1888.

LES OTAGES

Air des : *Portraits de famille*.

A PAUL BROUSSE.

Quand reviendra la Commune,
La bande à Boulang', comme une
Meut' de loups qu'on va traquant,
D'vant la Social' fich'ra l'camp.

Qui qui gagn'ra l'étranger ?
    Boulanger.
Tout d'suit' qui qui s'donn'ra d'l'air ?
    C'est Mayer.
Qui qu'enfil'ra vit' la porte ?
    C'est Laporte.
D'tous qui qui courra l'plus fort ?
    C'est Roch'fort.

Mais, pour prendr' la bande entière,
La Commune, à la frontière,
Étalant sa large main,
Leur barrera le chemin.

D'peau qui qui voudra changer ?
    Boulanger.
Qui qui s' fourr'ra dans un trou ?
    C'est Lalou.
Qui qu'ira vit' se cacher ?
    C'est Vacher.

Qui qui s' sauv'ra dans un fort ?
    C'est Roch'fort.

Tous, affrontant la colère
De la justic' populaire,
Les valets et le patron,
Devant ell' comparaîtront.

Sans pitié qui s'ra jugé ?
    Boulanger.
Qui qui s'ra comm' Pranzini ?
    Susini.
Qui qui f'ra plus son malin ?
    C'est Mich'lin.
Qui qu'écop'ra le plus fort ?
    C'est Roch'fort.

Tous les chercheurs d'aventures,
Les fabricants d' dictatures,
Tomberont, d'effroi saisis,
Sous les ball's de nos fusils.

Qui qui s'ra pas ménagé ?
    Boulanger.
Qui mourra comme un sagoin ?
    C'est Vergoin.
D'vant la mort qui n' crân'ra guère ?
    C'est Laguerre.
D'tous qui qui foir'ra l'plus fort ?
    C'est Roch'fort.

24 avril 1888.

LES LIEUTENANTS DE CÉSAR

II

Le maître-chanteur Eugène Mayer.

Air des : *Rameaux* (J. Faure).

A PIERRE DELCOURT.

> « Il résulte des faits que les 25,000 fr. que M. Mayer reconnaît avoir reçus du Crédit foncier, au commencement de l'année 1877, lui ont été payés *pour une cause sur laquelle M. Mayer n'a pu donner des explications satisfaisantes.*»
> (Déclaration du jury dans l'affaire Christophle-Mayer).

Maîtres-chanteurs, guidés sur les chemins
Par la lueur louche de ma *Lanterne*,
Puisez sans peur, puisez à pleines mains,
Chez les gogos que mon journal consterne.
    Gros financiers chantez en chœur !
C'est par moi seul que tout votre or s'émonde.
    Hosannah ! gloire au saigneur !
Gloire à celui qui fait chanter le monde !

Juifs de tout poil : les vils spéculateurs,
Les prêteurs à la petite semaine,
Les usuriers, bourreaux des emprunteurs,

A la fortune, amis, je vous emmène.
    Gros financiers, chantez en chœur !
C'est par moi seul que tout votre or s'émonde !
    Hosannah ! gloire au saigneur !
Gloire à celui qui fait chanter le monde !

Riches banquiers, allègeant vos trésors,
Dans vos salons où c'est pas l'or qui manque,
Faites chanter baryton ou ténors :
Moi, plus malin je fais chanter la Banque.
    Gros financiers, chantez en chœur !
C'est par moi seul que tout votre or s'émonde.
    Hosannah ! gloire au saigneur !
Gloire à celui qui fait chanter le monde !

  25 avril 1888.

LES LIEUTENANTS DE CÉSAR

III

Farcy-la-Canonnière.

A GUSTAVE RIVET

> « J'attends que Boulanger ait fait acte
> de César pour le combattre. »
> (Eugène Farcy, député de la Seine.)

Le profond Eugène Farcy
A fait choix, pour sa politique,
D'un mot d'ordre assez réussi
Et d'une bizarre tactique :
Contre un général de bazar,
Farcy refuse de se battre ;
Eugène attend qu'il soit César,
    Pour le combattre.

Quand on lui dit : « Monsieur Farcy,
Vite ! de l'eau ! la maison brûle !!! »
Calme, il répond : « Restons ici !...
Pourquoi courir ? C'est ridicule !! »
Couvant d'un œil plein de mépris
La flamme qui ne peut l'atteindre,
Il attend que le feu soit pris,
    Pour mieux l'éteindre.

Quand on lui dit : « Monsieur Farcy,
Nous voici dans l'antre du tigre.
Nous sommes armés, Dieu merci !
Voici la bête ! Épaulez ! ! Bigre ! ! !
Bien, voyons, vous n'y pensez plus !..
Tirez donc sur ce carnivore ! !...
— Non, j'attends, pour tirer dessus,
  Qu'il me dévore.

Lorsque, le prenant au collet,
Un voleur lui chipe sa montre,
Quoique armé d'un bon pistolet,
Monsieur Farcy très doux se montre.
Fixant le bandit étonné,
« J'attends », lui dit-il d'un air tendre,
« Que vous m'ayez assassiné,
  Pour me défendre. »

Quand on lui dit : « Monsieur Farcy,
D'engins de mort la mer fourmille.
Défendez-nous ! Tenez, voici
Que, vers nous, glisse une torpille !...
Voyons, monsieur, qu'attendez-vous ?
Hélas ! c'est notre heure dernière ! !
— J'attends qu'elle vienne dessous
  La canonnière. »

26 avril 1888.

LE SOLDAT PAUVRE

A OGIER D'IVRY.

En Angleterre, en Espagne, En Hanovre,
En Perse, en Chine et dans tout l'étranger,
Oncques ne vit un général plus pauvre
Que le pauvre général Boulanger.
Pour tout quibus il possède une thune
Et, chaque jour, il met le pot-au-feu.
C'est la splendeur du soldat sans fortune,
    Au cœur content, content de peu.

Dans un réduit qu'on nomme « Hôtel du Louvre : »
Quatre salons, au premier, sur la cour,
Les nuits d'hiver, grelottant, il se couvre
D'un couvre-pieds en loutre, hélas ! trop court.
C'est là qu'il vit, guettant l'heure opportune,
Entre des murs tendus de satin bleu.
C'est le garni du soldat sans fortune,
    Au cœur content, content de peu.

Dans un landau, six, sept fois par semaine,
Pour prendre l'air aux effets bienfaisants,
Assis sur des coussins, il se promène,
Au trot de deux superbes alezans.
Dans son taudis, il revient à la brune,
Ou rentre à pied, quand se brise un essieu.

C'est l'omnibus du soldat sans fortune,
    Au cœur content, content de peu.

Au Nord, il a, pour sa candidature,
Dépensé plus de cinq cent mille francs.
Ce qu'il répand partout, à l'aventure,
C'est l'héritage, hélas ! de ses parents.
Entre ses mains, la richesse est comme une
Caisse où chacun vient puiser tant qu'il veut.
C'est là tout l'or du soldat sans fortune,
    Au cœur content, content de peu.

Quand il a fait quelques économies,
Il traite ses amis au restaurant.
Les vins, exquis à griser des momies,
Circulent chez Bignon et chez Durand.
Le lendemain, n'ayant plus de pécune,
Dans les gargots, il mange comme il peut.
C'est le menu du soldat sans fortune,
    Au cœur content, content de peu.

Malgré que le pauvre homme se renferme
Dans ce régime à faire fuir Vatel,
Comme il ne peut, hélas! payer son terme,
Boulanger vient d'acheter un hôtel.
Sur sa fenêtre, hélas ! fleur trop commune,
Un œillet pousse à la grâce de Dieu.
C'est le jardin du soldat sans fortune,
    Au cœur content, content de peu.

   27 avril 1888.

LA COMÉDIE BOULANGISTE

(PRÉDICTIONS EN CAS DE RÉUSSITE DU GÉNÉRAL.)

Air : *Nous n'irons plus au bois.*

A RAOUL CANIVET.

LES VICTORIENS, *à Boulanger.*

Si vous êtes jamais
« Boulange Imperator, »
Nous vous soutiendrons ; mais
Soutiendrez-vous Victor ?...

BOULANGER

Entrez dans la danse !
Pas de confidence :
C'est déranger
La tactique de Boulanger.

LES JÉROMISTES, *à Boulanger.*

En allié loyal,
Par le fer et le plomb,
Au trône impérial
Porterez-vous Plon-Plon ?

BOULANGER

Entrez dans la danse !
Pas de confidence :

C'est déranger
La tactique de Boulanger.

LES PHILIPPISTES, *à Boulanger.*

Narguant le désarroi
Des Français ahuris,
Choisirez-vous pour roi
Le comte de Paris?

BOULANGER

Entrez dans la danse !
Pas de confidence :
C'est déranger
La tactique de Boulanger.

LES BLANCS D'ESPAGNE, *à Boulanger.*

Boulange, écoutez donc :
Pour empocher de l'os,
Vous ferez-vous le Monck
Du vrai roi Don Carlos?...

BOULANGER

Entrez dans la danse !
Pas de confidence :
C'est déranger
La tactique de Boulanger.

LES FAMÉLIQUES, *à Boulanger*

Les pauvres sans-le-sou,

Fidèles comme Azor,
Pourront-ils, tout leur saoûl,
Puiser dans ton trésor ?

BOULANGER

Entrez dans la danse ?
Pas de confidence :
C'est déranger
La tactique de Boulanger.

LES RÉPUBLICAINS RENÉGATS, *à Boulanger.*

Entre le peuple et nous,
Tous les ponts sont coupés.
Boulange, à quoi, par vous,
Serons-nous occupés ?...

BOULANGER.

Entrez dans la danse !
Pas de confidence :
C'est déranger
La tactique de Boulanger.

LES RÉPUBLICAINS NAIFS, *à Boulanger.*

Par nos soins raffermi,
Reniant les coquins,
Resterez-vous l'ami
Des seuls républicains ?...

BOULANGER.

Entrez dans la danse !
Pas de confidence :
C'est déranger
La tactique de Boulanger.

. . . .

LES BOULANGISTES, *à Boulanger.*

Maintenant qu'au Pouvoir,
Vous êtes, grâce à nous,
Boulange, il va falloir
Nous récompenser tous.

BOULANGER

Aboyeurs, silence !
Ou gare à la danse !
A l'étranger
Vous irez, foi de Boulanger !

28 avril 1888.

LA RÉPUBLIQUE OUVERTE

A PAUL STRAUSS.

> « Je veux une république ouverte, où tous seront admis, sans que nous ayons à demander, à qui que ce soit, d'où il vient. »
> (Discours de Boulanger au restaurant.)

— Mes chers lecteurs, que diriez-vous
D'un berger qui, dans la prairie,
La nuit, oyant hurler les loups,
Irait ouvrir sa bergerie ?
La bêtise de ce berger,
La trouveriez-vous bleue ou verte ?
— Nous dirions : Comme Boulanger,
Il veut « la République ouverte. »

— Mes chers lecteurs, que diriez-vous
D'un mari qui, sachant sa femme
Volage, irait, stupide époux,
Voyager, très loin de la dame ?
Vous diriez : Sa tête, en danger,
De bois sera bientôt couverte ?
— Nous dirions : Comme Boulanger,
Il veut « la République ouverte. »

— Mes chers lecteurs, que diriez-vous
Si Rothschild, battant de la caisse,
Criait qu'il ôte ses verroux
A sa porte ainsi qu'à sa caisse ?
Vous diriez : On va l'égorger !
Ce financier court à sa perte !!!
— Nous dirions : Comme Boulanger,
Il veut la « République ouverte. »

— Mes chers lecteurs, que diriez-vous
D'un dompteur qui, perdant la boule,
Lâchant ses fauves en courroux,
Les lancerait parmi la foule ?
Vous diriez : Ils vont nous manger !
Ce dompteur déraisonne !!! Alerte !!!
— Nous dirions : Comme Boulanger,
Il veut la « République ouverte. »

— Mes chers lecteurs, que diriez-vous
Si le ministre de la guerre,
Des Prussiens nous offrant aux coups,
Dégarnissait notre frontière ?
Vous diriez : Devant l'étranger
Désarmer ! cela déconcerte !!
— Nous dirions : Comme Boulanger,
Il veut « la République ouverte. »

— Mes chers lecteurs, que pensez-vous
De ce Bonaparte de foire,

Lequel, flanqué de ses marlous,
Cherche à nous imposer sa « poire » ?
— Nous pensons que c'est un bateau
Monté par le dieu de la clique
Et que c'est à coups de couteau
Qu'il veut « ouvrir » la République.

29 avril 1888.

J' M'EN VAS ÉCRIRE A FLOQUET

A CHARLES FLOQUET.

> « A l'unanimité des députés boulangistes, le projet d'interpeller le gouvernement, relativement à l'arrestation de Déroulède, Le Hérissé, Susini et autres tapageurs nocturnes, a été repoussé. A la suite de cette décision, M. Déroulède a écrit à M. Floquet pour se plaindre d'avoir été mis au poste. »
> (Extrait des journaux.)

LE SERGOT

— Pas tant d' potin ! sal' fripouille !
Tout l' mond' dort, espèc' d'andouille !

LE POIVROT

— Ben, quoi ! L'on peut p'us chanter
Sans qu'on vienn' vous arrêter !

LE SERGOT

— Taisez-vous ! et pas d' riposte !
Allons, houp ! venez au poste !

LE POIVROT

— C'est la faute au mastroquet !
J' m'en vas écrire à Floquet !

LE SERGOT

— Dit's donc, espèc' de pratique !
Qu' fait's-vous donc dans c'te boutique ?

LE VOLEUR

— Qui ça, moi ? Je n' fais pas d' mal !
J' réintègre mon local !

LE SERGOT

— Allons ! moi, j'aim' pas qu'on m' blouse !
Que cachez-vous sous vot' blouse ?

LE VOLEUR

— Touchez pas à mon paquet !
J' m'en vas écrire à Floquet !

LE SERGOT

— Pas tant d'bruit, eh ! sale Alphonse !
Réveillez pas l'mond' qui pionce !

L'ALPHONSE

— On peut p'us battr' sa moitié !
Oh ! la, la, vrai, qué pitié !

LE SERGOT

— Si vous n' tapiez qu' su' vot' ange !
Mais vous chantez : « C'est Boulange ! »

L'ALPHONSE

— Ah ! l'on m' rabat mon caquet !
J' m'en vas écrire à Floquet !

LE SERGOT

— Eh ! l'assassin, lâchez c't' homme !
Ou, sans ça, je vous assomme.

L'ASSASSIN

— Quoi, j' lui demand' l'heur' qu'il est !
Il me sort son pistolet !

LE SERGOT

— Etrangler c' goss' ! quelle honte !
Eh ben, il est bon, vot' compte !

L'ASSASSIN

— Tant d' bruit pour un freluquet !
J' m'en vas écrire à Floquet !

30 avril 1888.

LES LIEUTENANTS DE CÉSAR

IV

Déroulède-le-Fruit sec.

A PAUL MARROT.

Un éternel déclassé,
Ce pauvre Paul Déroulède.
Officier, il a cassé
Son bon sabre de Tolède.
De la batte d'Arlequin
Armant son don-quichottisme,
Il se ballade en pékin :
Fruit sec du militarisme.

Poète de mirliton,
Il beugla, méchant Tyrtée,
Des lecteurs de Charenton
Charmant la foule hébétée.
Son vers eût, quand il chantait,
Fait crever de jalousie
Défunt monsieur Belmontet :
Fruit sec de la poésie.

Dramaturge, l'insuccès
Noir, avec lui, cohabite :
Juan Strenner aux Français ;

Autre part, *la Moabite*,
Le public de l'Odéon,
Du barde patriotique
A brisé l'accordéon :
Fruit sec de l'art dramatique.

Candidat proposé par
La Ligue des patriotes,
Déroulède eut, pour sa part,
Quelques pauvres petits votes.
Il eut même — ça c'est fort !
(Ce suffrage, quel sceptique !)
Moins de voix que Rochefort :
Fruit sec de la politique.

« Patriote », il a fondé
Une ligue ardente et forte.
Par ses soldats débordé,
Le chef est mis à la porte.
Tous, unissant leurs efforts,
Et constatant son gâtisme,
En chœur, l'ont flanqué dehors :
Fruit sec du patriotisme.

Pour la vie, il est voué
A la guigne inévitable.
Boulangiste dévoué,
Son destin sera semblable.

Seul, il ne profitera
Pas de la louche aventure ;
Boulanger le lâchera :
Fruit sec de la dictature.

1ᵉʳ mai 1888.

LE BANQUET BOULANGISTE

CHANSON CHANTÉE AU DESSERT PAR BOULANGER

Air : *T'en souviens-tu?*

A JOACHIM DERRIAZ.

Que j'aime à voir, autour de cette table,
Des renégats de toutes les couleurs !
Absorbons tous ce menu délectable ;
La ronce, hélas ! parfois succède aux fleurs.
La popularité, Messieurs, c'est traître,
La marmelade est au bout du festin.
Mangez-en bien, aujourd'hui, car peut-être,
Ni vous, ni moi n'en mangerons demain.

Parodiant la Cène évangélique,
Je vois fraterniser, à ce banquet,
La Monarchie avec la République
Et Millevoye avec Alfred Naquet.
A cette table sainte, où suis prêtre,
De mon parti figure le gratin.
Mangez-en bien, aujourd'hui, car, peut-être,
Ni vous, ni moi n'en mange ons demain.

Mangez mon corps, naïfs bonapartistes ;
Buvez mon sang, radicaux confiants ;
La poule, c'est pour vous, légitimistes ;
Les poires sont à vous, les d'Orléans.
Ma table est pleine à n'y pouvoir rien mettre,
De mets divers formant un arlequin.
Mangez-en bien, aujourd'hui, car, peut-être,
Ni vous, ni moi n'en mangerons demain.

Entre nous tous, Messieurs, rompons la glace ;
De la discorde éteignons le brandon.
A ce dîner, le peuple trouve place :
Il y figure à titre de dindon.
Mais prenons garde, il peut, par la fenêtre,
S'apercevoir qu'on lui pose un lapin.
Mangez-en bien, aujourd'hui, car, peut-être,
Ni vous, ni moi n'en mangerons demain.

J'entends crier : « Vive la Sociale ! »
Ruy-Blas cinglant les tribuns de bazar,
L'avenir trace, aux murs de cette salle,
La phrase du festin de Balthazar.
Le peuple peut, retrouvant l'œil du maître,
Nous faire, à tous, passer le goût du pain.
Mangez-en bien, aujourd'hui, car, peut-être,
Ni vous, ni moi n'en mangerons demain.

Profitons donc tous de l'heure opportune ;
Attelez-vous au char triomphateur.

Tirez sans peur, car, si je fais fortune,
Vous puiserez au sac du dictateur.
Valets courbés sous ma botte de reître,
Aidez-moi tous à la remplir de foin.

JEAN POPULO, *du dehors*.

Mangez-en bien, aujourd'hui, car, peut-être,
Ni vous, ni lui n'en mangerez demain.

2 mai 1888.

LE PROGRAMME DE BOULANGER

Air : *Ne raillez pas la garde citoyenne!*

A AUGUSTE CAILLE.

Je veux vous dire ici, bonapartistes,
Le plan, par moi couvé, depuis longtemps.
Humble et soumis aux chefs bonapartistes,
Pour vous, Messieurs, je suis depuis longtemps.
La France entière est aux bonapartistes,
Et sur le trône, avant qu'il soit longtemps,
Acclamé par tous les bonapartistes,
Napoléon reviendra pour longtemps.

Venez à moi, dignes légitimistes ;
Je suis pour Dieu, pour la Religion ;
A l'unisson des fiers légitimistes,
Mon espoir est dans la Religion.
Don Carlos, vrai roi des légitimistes,
Aidé par Dieu, par la Religion,
Entouré de tous les légitimistes,
Gouvernera pour la Religion.

Accueillez-moi, craintifs orléanistes ;
Humble sujet des princes d'Orléans,
Toujours luttant pour les orléanistes,
Je soutiendrai les princes d'Orléans.
Simple soldat des chefs orléanistes,
Vrai fils de la pucelle d'Orléans,

C'est grâce à moi que les orléanistes
Auront pour roi Philippe d'Orléans.

Fils de patron, enfant de la roture,
Connaissant tous les besoins des bourgeois,
On me verra toujours pour la roture,
Général des républicains bourgeois.
La France entière est toute à la roture,
Aux financiers, aux marchands, aux bourgeois ;
Brandissant le drapeau de la roture,
Je resterai fidèle au sang bourgeois.

Suivez-moi tous, courageux prolétaires,
Nerf du pays, paysans, ouvriers ;
Grâce à mes soins le camp des prolétaires,
Verra changer le sort des ouvriers.
Tirant pour vous, malheureux prolétaires,
Mon sabre, pur du sang des ouvriers,
Je conduirai l'assaut des prolétaires
Contre les affameurs des ouvriers.

Tel est, Français, le superbe programme
Que je soumets à tous les électeurs.
Si vous trouvez excellent ce programme,
Votez pour moi, Messieurs les électeurs.
Mais, si vous me nommez, de mon programme,
Ne venez pas m'assommer, électeurs ;
Car je pourrais commencer mon programme
Par fusiller mes naïfs électeurs.

3 mai 1888.

HORS LA LOI

Air de : *La Chasse.* (Béranger.)

A MAXIME PAZ.

« De nombreux comités révolutionnaires ont, après discussion, déclaré hors la loi M. Boulanger et ses complices. »
(Extrait des ournaux.)

Renégats, tout lasse et tout casse,
Comme le dit un vieux dicton,
Tonton, tonton, tontaine, tonton,
Un jour, on vous fera la chasse,
Bonapartistes de carton,
Tonton, tontaine, tonton.

Boulanger, sans sa barbe blonde,
Et s'affublant d'un faux piton,
Tonton, tonton, tontaine, tonton,
Partira pour le Nouveau-Monde,
Sous les habits d'un marmiton,
Tonton, tontaine, tonton.

Michelin, négligeant sa mise,
De la mort sentant le frisson,
Tonton, tonton, tontaine, tonton,
A l'envers mettra sa chemise,

Et filera sans caleçon,
　Tonton, tontaine, tonton.

Lalou, que le danger consterne,
S'enfuira, claquant du menton,
Tonton, tonton, tontaine, tonton.
On verra Mayer, sans *Lanterne*,
Courir vers le pays teuton,
　Tonton, tontaine, tonton.

Déroulède, aux chansons guerrières
Accompagné par un piston,
Tonton, tonton, tontaine, tonton,
Ira, dans les cours étrangères,
Chanter ses vers de mirliton,
　Tonton, tontaine, tonton.

Vergoin, Farcy-la-Canonnière,
Et d'autres dont on sait le nom,
Tonton, tonton, tontaine, tonton,
Voyant venir l'heure dernière,
Fuiront à la voix du canon,
　Tonton, tontaine, tonton.

Des chiens fuyant la dent féroce,
Par crainte du sort d'Actéon,
Tonton, tonton, tontaine, tonton,
Naquet ira cacher sa bosse
Sous le dôme du Panthéon,
　Tonton, tontaine, tonton.

Dépistant la meute acharnée,
Laguerre en bonnet de coton,
Tonton, tonton, tontaine, tonton,
Restera, toute la journée,
Dans le grand lit de sa goton,
Tonton, tontaine, tonton.

Rochefort, clown lâchant la piste,
Détalera vers le Gabon,
Tonton, tonton, tontaine, tonton ;
On pourra le suivre à la piste,
Car ça ne sentira pas bon,
Tonton, tontaine, tonton.

Pour que le peuple, en entier, pince
Ce gibier, à coups de bâton,
Tonton, tonton, tontaine, tonton.
On battra Paris, la province,
Visitant le moindre canton,
Tonton, tontaine, tonton.

De tous la prise est assurée,
Des valets, comme du patron,
Tonton, tonton, tontaine, tonton,
Elle sonnera, la curée !
Et la pâte attend le mitron,
Tonton, tontaine, tonton.

4 mai 1888.

LA COUR SUPRÊME

Air : *Mad'moiselle, écoutez-moi donc!*

A HENRY MARET.

« L'un des meilleurs billets que La Châtre ait jamais reçus est celui que propose M. Laur pour éviter toute usurpation et tout coup d'Etat contre la République.

C'est l'établissement d'une Cour suprême.

Cette précaution, qu'on peut comparer à celle de Bartholo, et sur laquelle Jules Jouy devrait bien faire une chanson, nous a mis au cœur une telle tranquillité que nous rougirions de manifester aucune crainte pour le sort de la République. »

(Henry Maret, *Radical.*

LA COUR SUPRÊME

Général, écoutez-moi donc !
Vous avez renversé la République ;
Général, écoutez-moi donc !
Vous avez commis une trahison.

BOULANGER

Non, madam', je n' vous écout' pas !
Je ne m'occupe plus de politique ;
Non, madam', je n' vous écout' pas !
A me suivre ainsi vous perdez vos pas.

LA COUR SUPRÊME

Général, écoutez-moi donc !
Venez vous asseoir devant la Justice.
Général, écoutez-moi donc !
Venez vous asseoir, votre compte est bon.

BOULANGER

Non, madam', je n' vous écout' pas !
Etre assis, pour moi, c'est un vrai supplice ;
Non, madam', je n' vous écout' pas !
Je n'aime pas à me croiser les bras.

LA COUR SUPRÊME

Général, écoutez-moi donc !
Faut vous expliquer sur ce qui se passe,
Général, écoutez-moi donc !
Il faut répondre à chaque question.

BOULANGER

Non, madam', je n' vous écout' pas !
Car je ne peux plus parler qu'à voix basse ;
Non, madam', je n' vous écout' pas !
Un rhume me force à parler tout bas.

LA COUR SUPRÊME

Général, écoutez-moi donc !
Sur les boulevards, à travers la foule,
Général, écoutez-moi donc !
L'armée a tiré des coups de canon.

BOULANGER

Non, madam', je n' vous écout' pas!
Ces événements m'ont troublé la boule;
Non, madam', je n' vous écout' pas!
Par mégarde on a tiré dans le tas.

LA COUR SUPRÊME

Général, écoutez-moi donc!
Vous avez partout muselé la presse,
Général, écoutez-moi donc!
Afin d'étouffer la discussion.

BOULANGER

Non, madam', je n' vous écout' pas?
Des journaux je me sers avec ivresse,
Non, madam', je n' vous écout' pas!
Dans certain endroit, d'eux je fais grand cas.

LA COUR SUPRÊME

Général, écoutez-moi donc!
La Cour suprême à mourir vous condamne;
Général, écoutez-moi donc!
Préparez-vous à votre exécution.

BOULANGER

Non, madam', je n' vous écout' pas!
La Cour suprême est une espèce d'âne,
Non, madam', je n' vous écout' pas!
Je vais l'écraser avec mes soldats.

LA COUR SUPRÊME

Général, écoutez-moi donc !
Je me rallie à votre grand Empire.

BOULANGER

Pauvre Cour, pour toi je suis bon :
Viens lécher la botte à Napoléon !

5 mai 1888.

LES LIEUTENANTS DE CÉSAR

V

Clovis Hugues.

Air : *Gastibelza, l'homme à la carabine.* (Victor Hugo.)

A CAMILLE PELETAN.

Clovis, pinçant les cordes de sa lyre,
  Chantait ainsi :
« Dans mes cheveux, le peigne du délire
  S'escrime ici.
Je ne sais plus !... mon cerveau se dérange !
  Mon crâne est mou !...
Le vent qui souffle à travers la Boulange
  M'a rendu fou ;
  Oui, m'a rendu fou !

Quand je me vois dans mon armoire à glace,
  Chaque matin,
Je crois toujours qu'un autre a pris ma place
  L'air incertain,
Pour lui livrer passage, je me range,
  Baissant le cou.
Le vent qui souffle à travers la Boulange,
  M'a rendu fou !
  Oui, m'a rendu fou !

Le coiffeur vient, quatre fois par semaine,
Pour mes cheveux !
Sous mon menton, son rasoir se promène,
Souple et nerveux
(Moi qui lissais jadis mon poil étrange
Avec un clou !)
Le vent qui souffle à travers la Boulange
M'a rendu fou :
Oui, m'a rendu fou !

Soigneusement, brossant ma redingote
Et mon chapeau,
Pour la tenue, aujourd'hui je dégote
Waldeck-Rousseau.
Mon pantalon, reprisé, ne s'effrange
Jamais du bout.
Le vent qui souffle à travers la Boulange
M'a rendu fou ;
Oui, m'a rendu fou !

Tigre dompté, déshonorant les jungles,
Je prends des bains.
Je me savonne et me coupe les ongles,
Des pieds, des mains.
Journellement, de chemise, je change,
Comme Lalou.
Le vent qui souffle à travers la Boulange
M'a rendu fou ;
Oui, m'a rendu fou !

Le soir venu, quand l'astre se dévoile,
     Après manger,
Le nez en l'air, je contemple l' « étoile
     De Boulanger. »
Hier, j'ai chû (c'est Ferry qui se venge!)
     Au fond d'un trou.
Le vent qui souffle à travers la Boulange
     M'a rendu fou :
     Oui, m'a rendu fou !

. . . . ; .

Pauvre Clovis, mon camarade, en somme,
     Il faut changer !
Te faire, toi, le complice de « l'homme
     Au cœur léger ! »
Jusqu'où descendras-tu dans cette fange ?
     Jusqu'où ?... Jusqu'où ?...
Le vent qui souffle à travers la Boulange
     T'a rendu fou ;
     Oui, t'a rendu fou !

mai 1888.

LES LIEUTENANTS DE CÉSAR

VI

Henri Rochefort, dit « la Foire-de-Neuilly. »

Air : *C'est ta foire.*

A PHILIPPE GARNIER.

Paul-Louis Courier d'la cam'lote,
Roch'fort, as-tu recueilli
Ce qu'au fond de ta culotte,
Tu fis jadis à Neuilly ?
C' résidu qu'attend l'Histoire,
Fais-nous le voir au plus tôt,
    Oh ! oh ! oh ! oh !
C'est ta foir', ta foir', ta foire, ⎫
C'est ta foire qu'il nous faut ! ⎬ *Bis.*

Faux courageux, vil bravache,
S' contentant d' prendr' son mouchoir,
Quand, sur la gueule, on lui crache,
La prenant pour un crachoir,
Dans le danger, c'est notoire,
Ton pantalon t' sert de pot,
    Oh ! oh ! oh ! oh !
C'est ta foir', ta foir', ta foire, ⎫
C'est ta foire qu'il nous faut ! ⎬ *Bis.*

Mauvais soldat d' la Commune,
Des vaincus fuyant le sort,
Toi qui détalais comme une
Femell' tremblant d'vant la mort,
Méchant guerrier d'écritoire,
En face, on te l' dit bien haut :
  Oh! oh! oh! oh!
C'est ta foir', ta foir', ta foire, ⎱ Bis.
C'es ta foire qu'il nous faut ! ⎰

Toi qui luttais contr' l'Empire,
Et qui, devenu gaga,
Lèch' les bott's d'un brigand pire;
Menteur, traître et renégat,
Pamphlétaire bassinoire,
D' quell' couleur est ton drapeau ?
  Oh! oh! oh! oh!
C'est ta foir', ta foir', ta foire! ⎱ Bis.
C'est ta foire qu'il nous faut ! ⎰

C' qu'il nous faut, c'est pas ta tête,
D' Polichinelle à toupet :
Ta bobin' d'ancien squelette,
Le peupl' s'en fich' comm' d'un pet.
Nous avons soupé d' ta poire
D' clown sans cirque et d' vieux cabot.
  Oh! oh! oh! oh!
C'est ta foir', ta foir', ta foire, ⎱ Bis.
C'est ta foire, qu'il nous faut ! ⎰

7 mai 1888.

LES LIEUTENANTS DE CÉSAR

VII

Charles Chincholle.

A ALBERT TINCHANT.

Dans le *Figaro* d'hier, M. Chincholle racontant les péripéties du sauvetage de Dutilleux, l'enseveli de Blancheface, conclut par cette phrase que je demande la permission d'encadrer :

> « Après tant d'efforts faits pour sauver l'un des leurs et tant d'argent dépensé par l'Etat, *les ouvriers vont-ils encore se plaindre de l'indifférence de la société?* »

C'est beau, cette forêt de fer,
Ce feu d'artifice de fonte,
Joli comme un oiseau de l'air,
Robuste comme un mastodonte ;
C'est très grand, cette tour Eiffel,
Haut et vaste ; eh bien, ma parole !
C'est encore moins près du ciel
Que la bêtise de Chincholle !

C'est bienfaisant, le bon soleil,
Quand, venant boire la rosée,

Il embrasse, au matin vermeil,
La terre, sa fraîche épousée.
Eh bien, ce globe étincelant
Qu'on adore comme une idole,
C'est encore moins aveuglant
Que la bêtise de Chincholle !

C'est sublime, les pics neigeux
Qu'un hiver éternel assiège,
Se moquant des mois orageux.
Eh bien, sommets couverts de neige,
Qui, sous la lune, étincelez
Des blancheurs de votre auréole,
Vous êtes moins immaculés
Que la bêtise de Chincholle !

C'est gigantesque, l'Océan,
De l'Univers immortel gouffre,
Exhalant, en un cri géant,
La plainte du Monde qui souffre.
Eh bien, cet Océan sans fond,
Roulant tout dans son alvéole,
C'est encore bien moins profond
Que la bêtise de Chincholle !

C'est inconcevable, les cieux,
Quand, là haut, dans la nuit sans voiles,
Etincellent les milliers d'yeux
Des planètes et des étoiles.

Eh bien, ce firmament béni,
Ami du rêveur qui s'isole,
C'est encore moins infini
Que la bêtise de Chincholle !

C'est sombre, cet enterré vif ;
C'est lugubre et cela vous navre,
Cet humble travailleur captif,
Se sentant devenir cadavre.
Eh bien, ce pauvre patient
Auquel, déjà, le ver se colle,
C'est encore moins effrayant
Que la bêtise de Chincholle !

Cette phrase du *Figaro*
Où tout Chincholle se proclame,
Je voudrais le voir écrire au
Ciel nocturne, en lettres de flamme
Inscris-la sur ton firmament,
Dieu, pour que le monde en rigole
Et témoigne éternellement
De la bêtise de Chincholle !

8 mai 1888.

LES LIEUTENANTS DE CÉSAR

VIII

Charles Lalou.

Air de : *Cadet Rousselle*.

A STEINLEN.

« Assistez-vous, je vous en prie. »
(Paroles textuelles de M. Lalou
à un visiteur.)

D'un journal français directeur (*bis*),
Quand il reçoit un visiteur (*bis*),
Lalou, poliment, le convie :
« *Assistez-vous, je vous en prie.* »
   Ah ! ah ! c'est épatant !
Bon Lalou, ne parlez pas tant !

Comme un sou, c'est propre chez lui (*bis*) ;
Chaque meuble, bien frotté, luit (*bis*).
Chaque matin, il dit : « Victoire,
Surtout, astiquez bien *l'ormoire !* »
   Ah! ah ! c'est épatant !
Bon Lalou, ne parlez pas tant !

Un jour un vent-coulis soufflait (bis) ;
Lalou fit venir son valet (bis) :
« Joseph que le diable t'emporte !
Du *collidor* ferme la porte !
    Ah ! ah ! c'est épatant !
Bon Lalou, ne parlez pas tant !

Lundi soir, dans son cabinet (bis),
Il se disait, d'un air benêt (bis) :
« Je ne trouve plus cette épître !
Qui qu'a fouillé dans mon *piplire* ..,
    Ah! ah ! c'est épatant !
Bon Lalou ne parlez pas tant!

Ayant à dîner, vendredi, (bis)
Le Père Hyacinthe, il lui dit (bis) :
« De ce pâté, monsieur l'évêque,
  « Veuillez retirer le *couvèque*. »
    Ah ! ah ! c'est épatant !
Bon Lalou, ne parlez pas tant !

L'autre soir, revenant du bois (bis),
A Laisant, d'une douce voix (bis),
Il disait : « Fermons la calèche
Quand la nuit tombe, l'air est *fraîche*. »
    Ah ! ah! c'est épatant !
Bon Lalou, ne parlez pas tant !

En colère, le mois dernier (*bis*),
Il criait à son cuisinier (*bis*) :
« Imbécile ! pour qu'il rissolle,
Mettez le veau dans la *castrolle!* »
   Ah ! ah ! c'est épatant !
Bon Lalou, ne parlez pas tant !

Bref, dans le langage courant (*bis*),
Il dégote (c'est effarant !) (*bis*),
Pour les locutions françaises,
La « *dame aux six petites chaises!* »,
   Ah ! ah ! c'est épatant !
Bon Lalou, ne parlez pas tant !

9 mai 1888.

L'INVASION ALLEMANDE

Air : *Au sang qu'un dieu va répandre.*

AUX BOULANGISTES DE BONNE FOI.

« *L'Invasion Allemande* »
Du général Boulanger
Est parue. On se demande,
Ici, comme à l'étranger :
« Enfin ! est-ce qu'il nous livre
Son beau plan si réussi ?...
Que va-t-il dire, ce livre ?... »
Ce qu'il dira, le voici :

« La France, dans son délire,
Dans son rut exaspéré,
Pantelante, vient d'élire
Le général adoré.
Le pays entier acclame
Son Boulange avec fureur,
Qui, tout d'abord se proclame
Consul, et puis empereur.

Vexée ainsi qu'une poule,
Couvant des œufs de canard,
« Je suis prise, » dit la foule,

« A mon propre traquenard. »
Alors, au traître, au parjure,
Devant qui l'on se courbait,
Chacun prodigue l'injure,
La blague et le quolibet.

« Aux armes ! l'instant est grave !
Amis, luttons jusqu'au bout ! »
Dans chaque rue, on dépave ;
La République est debout !
— « Tirez sur cette canaille ! »
Commande alors Boulanger.
Ceux qu'épargne la mitraille
Se sauvent à l'étranger.

Sur les conseils de Laguerre,
Pour consacrer son pouvoir,
César déclare la guerre.
Chacun faisant son devoir,
Se lève, pour lutter contre
L'ennemi. Mal commandés,
Dès la première rencontre,
Les Français sont débordés.

Boulanger, perdant la tête,
Se dit : « Nous sommes trop peu ! »
Il ordonne la retraite,
Au cri de « Sauve qui peut ! »

L'invective l'accompagne ;
Partout, on lui dit : « Raca !»
Il se rend à l'Allemagne,
Dans le landau de Bianca.

La Champagne, la Bourgogne
Vont gorger l'ogre allemand ;
La France est une Pologne.
N'importe ! Journellement,
Tordant sa barbiche blanche,
Rochefort le dit bien haut :
« Pour préparer la revanche,
C'est Boulange qu'il nous faut ! »

10 mai 1888.

L'OFFICIEL BOULANGISTE

A HENRY VAUDÉMONT.

Dans tout Paris, les camelots,
Hier matin ont mis en vente
Un journal des plus rigolos,
Qui, d'être toujours vrai, se vante.
Cette obscure feuille de chou,
Inconnue à l'étalagiste
Et qu'on achète pour un sou,
C'est *L'Officiel Boulangiste.*

Organe de tous les partis
Que le même appétit mélange,
Il publiera les démentis
Quotidiens du cher Boulange.
« La loyauté sur son front luit ;
De personne il n'est le gagiste. »
Voilà ce qu'on dira de lui
Dans *L'Officiel Boulangiste.*

« Exempt de tout assassinat,
Pendant la Semaine terrible,
Colonel versaillais, il n'a
Jamais pris les vaincus pour cible.
En soldat tendre, il s'est conduit,
Dans la défaite communiste. »

Voilà ce qu'on dira de lui
Dans *L'Officiel Boulangiste.*

« Hardiment athée, à Belley,
Terreur des gens de sacristie,
Loin de s'en faire le valet,
Sans peur, il crachait sur l'hostie.
Oui, chers lecteurs, tel est celui
Qu'on présente comme un déiste ! »
Voilà ce qu'on dira de lui
Dans *L'Officiel Boulangiste.*

« Son guide, c'est la Vérité ;
Il a l'horreur de l'équivoque.
Ennemi de la fausseté,
Tel est ce héros qu'on révoque.
Le Vrai, c'est le but qu'il poursuit,
Que partout il suit à la piste. »
Voilà ce qu'on dira de lui
Dans *L'Officiel Boulangiste.*

Mais de tout ce qu'on y dira,
Le lecteur clairvoyant se fiche,
Car il sait que le scélérat
Ment sans pudeur, comme une affiche.
Petit canard, il faut changer
De titre ; mais, au fait, j'y songe,
L'officiel de Boulanger,
C'est *L'Officiel du Mensonge!*

11 mai 1888.

AUX FRIPOUILLES BOULANGISTES

SIMPLE CONSEIL.

Vous qui tournez, humbles planètes,
Autour de Boulanger-Soleil,
Cessez un instant vos sornettes,
Pour écouter un bon conseil :
En sabre changeant votre batte,
Tapez sur nous à tour de bras,
Car, si la Boulange nous rate,
Nous, nous ne la raterons pas !

Oui, si, par extraordinaire,
Vous montez jamais au pouvoir,
Nous frapper de votre tonnerre,
Tel est votre premier devoir.
Que, sur la Commune, il éclate
Rouge et terrible, avec fracas ;
Car, si la Boulange nous rate,
Nous, nous ne la raterons pas !

Vieux clown ridicule et sinistre,
Lâche marquis de Rochefort,
Si tu deviens premier ministre,
Sur nous tous, cogne vite et fort.
Politicien de chez Baratte,
Sans pitié, tape dans le tas,

Car, si la Boulange nous rate,
Nous, nous ne la raterons pas !

Robespierre de pain d'épice,
Laguerre, étant garde des sceaux,
Profite du moment propice
Pour nous mettre tous en morceaux.
Que ta justice scélérate
Sème l'exil ou le trépas,
Car, si la Boulange nous rate,
Nous, nous ne la raterons pas !

Mornys en toc, ignoble clique
Du Césarion Boulanger,
Troupeau vorace et famélique
De chiens aboyant pour manger,
Saligauds, traîne-la-savate,
Vengez-vous bien, les renégats !
Car, si la Boulange nous rate,
Nous, nous ne la raterons pas !

Nous vous tremperons une soupe
Énorme, où tous pourront manger.
Se joignant au peuple, la troupe
Pendra mitrons et Boulanger.
Ambitieux de bas étage,
Boulange, autre Clément Thomas,
Au peuple servira d'otage !
Et nous ne le raterons pas !

12 mai 1888,

LE VOYAGE DE BOULANGER

Air : *Bon voyage, Monsieur Dumollet.*

A VICTOR SIMOND.

Brav' général, du départ la cloch' sonne ;
Mais, songez-y, quand vous serez dans l'train,
Afin de ne mécontenter personne,
Suivez l' conseil que vous donn' ce refrain :

Bon voyage,
Monsieur Boulanger ;
Souvent, je gage,
Vous chang'rez de langage ;
Bon voyage,
Monsieur Boulanger ;
D'opinion il vous faudra changer.

Quand vous parl'rez d'vant des bonapartistes,
Dites du bien de Napoléon Trois ;
Fait's-vous accompagner d'un tas d'artistes,
Chantant *La Reine Hortense* à pleine voix.

Bon voyage,
Monsieur Boulanger ;
Souvent, je gage,
Vous chang'rez de langage ;
Bon voyage,

Monsieur Boulanger :
D'opinion il vous faudra changer.

Quand vous parl'rez d'vant des orléanistes,
Dites du bien du comte de Paris ;
Qu' la *Quotidienne* aux couplets royalistes,
Partout, vous accompagne de ses cris.

Bon voyage,
Monsieur Boulanger ;
Souvent, je gage,
Vous chang'rez de langage ;
Bon voyage,
Monsieur Boulanger ;
D'opinion il vous faudra changer.

Quand vous parl'rez d'vant des légitimistes,
Dites du bien du comte de Chambord ;
Quand vous parl'rez devant des socialistes,
Criez : « Viv' la Commune ! » tout d'abord.

Bon voyage,
Monsieur Boulanger ;
Souvent, je gage,
Vous chang'rez de langage ;
Bon voyage,
Monsieur Boulanger :
D'opinion il vous faudra changer.

Bref, tour à tour, blanc, bleu, violet ou rouge,
Royaliste, en mêm' temps qu'républicain,
R'gardant d'un œil Montmartre et d'l'autr', Montrouge
Dans votr' costume imitez Arlequin.

>Bon voyage,
>Monsieur Boulanger;
>Souvent, je gage,
>Vous chang'rez de langage;
>Bon voyage,
>Monsieur Boulanger :
>D'opinion il vous faudra changer.

13 mai 1888.

LE PROTECTEUR DE LA MORUE

A CHARLES LAURENT.

Entouré de tous ses mitrons,
Le Boulanger, dans sa boutique,
Parle au peuple. Nous connaîtrons
Bientôt toute sa politique.
Petit à petit, elle poind,
Progressivement apparue.
Nous sommes fixés sur un point :
Il protègera la morue.

Depuis qu'au bord du flot amer,
Il a lâché cette parole,
Les poissons, au fond de la mer,
Partout dansent la farandole.
Le maquereau, souple et galant,
L'apprend à la sole accourue
Qui va la redire au merlan :
« Il protègera la morue. »

Les pierreuses, sur le trottoir,
En parlent, entre chaque passe.
Les gousses, au *Rat-Mort*, le soir,
Entre elles, disent à voix basse :
« S'il réussit, plus de danger ;
C'est ton âge d'or, triste grue ;

Ce qu'il nous faut, c'est Boulanger :
Il protègera la morue. »

Les héros de l'accroche-cœur,
En blouse, comme en redingote,
Font de la propagande, en chœur,
Au seul général patriote.
Tandis que, pour gagner son pain,
Nana turbine dans la rue,
Alphonse dit : « C'est un copain :
Il protègera la morue. »

Sortis du trône ou du clergé,
Pour illustrer leur dictature,
Papes et rois ont protégé
Les arts et la littérature.
D'amour, pour le Beau radieux,
Beaucoup eurent l'âme férue.
Boulange est moins ambitieux :
Il protègera la morue.

La France le sait désormais :
Le César à la barbe jaune,
Fidèle au peuple, au grand jamais,
Ne sera le Monck d'aucun trône.
Aux flots servant de dictateur,
Des poissons de la mer bourrue,
Il sera le Grand-Protecteur :
C'est le Cromwell de la morue.

14 mai 1888.

LES DEUX FLÉTRIS

Air des : *Deux gendarmes.*

A A. LAVY.

« Au moment de l'arrivée à Lille de
M. Boulanger, un citoyen lui a craché
à plusieurs reprises à la figure. »
(Extrait des journaux.)

Deux flétris, avant-hier dimanche,
Se promenaient, baissant le cou ;
L'un avait une houppe blanche
Et l'autre une barbe coucou.
Le premier dit : — Hum ! le vent change !
L'étoile file à l'horizon.
— Rochefort, répondit Boulange, } *Bis.*
Rochefort, vous avez raison.

— Hier, en arrivant à Lille,
A votre voiture accroché,
Un gredin, mettant dans le mille,
A la face vous a craché.
On n'est sali que par la fange ;
Laissez ce gibier de prison.
— Rochefort, répondit Boulange, } *Bis.*
Rochefort, vous avez raison.

— C'est égal, c'est dur, tout de même,
D'être traité comme un crachoir,
Et, devant cette injure extrême,
De ne sortir que son mouchoir !
C'est plus sale que la vidange,
Ces crachats lancés à foison !
— Rochefort, répondit Boulange, ⎫
Rochefort, vous avez raison.   ⎬ *Bis.*

— Toute la journée on se frotte
L'endroit, par l'insulte flétri.
Comme supplice, ça dégote
La gale, avec le pilori.
De plus en plus ça vous démange ;
Ça ravage comme un poison.
— Rochefort, répondit Boulange, ⎫
Rochefort, vous avez raison.   ⎬ *Bis.*

— Votre hure n'est pas la seule
Qu'on ose asperger : un cabot
Jadis, m'a craché sur la gueule ;
Mon honneur n'est plus qu'un lambeau.
Sur ma face, caserne étrange,
Les mollards tiennent garnison.
— Rochefort, répondit Boulange, ⎫
Rochefort, vous avez raison.   ⎬ *Bis.*

— Essuyons tous deux la salive
Qui dégouline sur nos fronts.

Quelque moderne Tite-Live
Pourrait constater ces affronts.
De nos crachats faisant mélange,
Rentrons les boire à la maison.
— Rochefort, répondit Boulange, ⎫
Rochefort, vous avez raison. ⎭ *Bis.*

15 mai 1888.

LE CIRQUE BOULANGE

Air de : *La Femme à barbe.*

A LOUIS FERNANDO.

Entrez dans mon établiss'ment
Vous n'trouv'rez pas, dans aucun' foire,
Un aussi splendide ornement
Que c'te barbe qui fait ma gloire.
Vous pouvez toucher, n'craignez rien :
D'la décoller y'a pas moyen.
Depuis Dunkerque jusqu'à Tarbes !
Comme' la mienne on n'trouv'pas deux barbes !

Entrez, pékins ! Montez, soldats !
Pitres, sauteurs, clowns et dadas
Font un agrable mélange
Dans le fameux Cirque Boulange ! (*Bis*)

Vous y verrez monter à ch'val
Le fameux écuyer Laguerre,
Auprès de qui Monsieur Loyal
N'est qu'un p'tit écuyer vulgaire.
Quand il est dans la piste, il faut
Le voir jongler sur le panneau,
Avec la carpe boulangiste
Et le lapin socialiste !

Entrez, pékins ! Montez, soldats !
Pîtres, sauteurs, clowns et dadas
Font un agréable mélange
Dans le fameux Cirque Boulange ! (*Bis*)

Vous y verrez l' fameux Roch'fort,
Celui qui fait dans sa culotte ;
Quoiqu' vieux, il est encor très fort ;
Comm' biceps, aucun ne l'dégote.
C' t' ancien clown, sans faire un faux pas,
Prenant Ollivier et Maupas,
Dans un intermèd' des plus drôles,
Les port' tous deux sur ses épaules.

Entrez, pékins ! Montez, soldats !
Pîtres, sauteurs, clowns et dadas
Font un agréable mélange
Dans le fameux Cirque Boulange ! (*Bis*)

Vous y verrez l'fameux Naquet,
Dans sa grand' scène du *Divorce*.
Son dos, rond comme un tourniquet,
N'ôte rien aux grâc's de son torse.
En un clin d'œil se transformant,
Entrez et vous verrez comment,
Passant de l'un à l'autre pôle,
Il change sa bosse d'épaule.

Entrez, pékins ! Montez, soldats !
Pîtres, sauteurs, clowns et dadas

Font un agréable mélange
Dans le fameux Cirque Boulange ! (*Bis*)

Je n'ai nommé qu' les principaux,
Passant sous silenc' les comparses :
Augustes couverts d'oripeaux
Qui seront les dindons d'nos farces.
A bas les orchestres prussiens !
Ils sont Français, mes musiciens ;
Tous, de Champagne ou de Bourgogne !
Leur chef, c'est Mayer de Cologne.

Entrez, pékins ! Montez, soldats !
Pitres, sauteurs, clowns et dadas
Font un agréable mélange
Dans le fameux Cirque Boulange ! (*Bis*)

Le spectacl' sera terminé
Par un' pantomim' sans égale
Où Bismarck est exterminé
Au milieu des flamm's de Bengale.
Parmi les fusé's, les pétards,
Nous restituant nos milliards,
Les Allemands vienn'nt dans l'arène
Nous rendr' l'Alsace et la Lorraine.

Entrez, pékins ! Montez, soldats !
Pitres, sauteurs, clowns et dadas
Font un agréable mélange
Dans le fameux Cirque Boulange ! (*Bis*)

16 mai 1888.

LES CARTES TRANSPARENTES

CHANSON DE CAMELOT

A VICTOR MEUSY.

Si je dessin' des poissons
Su' c' trottoir où j' barr' la route,
C'n'est pas pour donner des l'çons
D' dessin au mond' qui m'écoute.
Non, c'est afin d'amasser
Les foules indifférentes
Et de pouvoir leur glisser
Mon paquet d' cart's transparentes.

I' y' a de quoi rigoler,
Le soir, autour de la lampe ;..
I' faut pas vous en aller !...
(Tout d'suite i' faut qu'ça décampe !)
Au public naïf qui croit
Que j'vends des chos's indécentes,
Je vais dir' ce que l'on voit
Dans mes cartes transparentes.

On y voit l' brav' Boulanger,
A Belley prier la Vierge.
D' sa main on voit émerger
Un interminable cierge.
Ce vaillant guerrier d'la foi
Se mêle aux communiantes.

V'la c' qu'à la lumière, on voit
Dans mes cartes transparentes.

Plus loin, on voit l' princ' Victor,
Dans la caiss' bonapartiste
Puiser et répandre l'or,
Pour la campagn' Boulangiste.
L' général, tendant l'bras droit,
Empoch' les espèc's sonnantes.
V' là c' qu'à la lumière, on voit
Dans mes cartes transparentes.

Dans une autr' carte, on peut voir
Boulang' fair' son Deux-Décembre.
Monté sur son cheval noir,
Par la f'nêtre i' fich' la Chambre.
Mais l'peupl', voulant rester roi,
Sauv' ses libertés mourantes.
V' là c 'qu'à la lumière, on voit
Dans mes cartes transparentes.

Dans l'avant-dernier carton,
Pour fuir', Boulang' fait sa malle.
Dans l'dernier, un feu d'p'loton
Foudroi' l' protégé d' d'Aumale.
Sur le nez i' tomb' tout droit,
Pleuré des p'tit's figurantes.
V' là c' qu'à la lumière, on voit
Dans mes cartes transparentes.

17 mai 1888.

LE BOULANGER A DES ÉCUS

Air : *La Boulangère a des écus.*

A ALFRED BARBOU.

Le Boulanger a des écus
  Qui ne lui coûtent guère ;
Nous en sommes tous convaincus
  Quoi qu'en disent Laguerre,
      Paulus,
  Quoi qu'en dise Laguerre.

— D'où lui viennent ses sacs d'écus ?
  Demande le vulgaire.
— Comment se nomme le Crésus ?
  Répondez-nous, Laguerre,
      Paulus,
  Répondez-nous, Laguerre.

— Où récolte-t-il ces écus ?
  Poussent-ils à Cythère ?
De ce Mars, quelle est la Vénus ?
  Instruisez-nous, Laguerre,
      Paulus,
  Instruisez-nous, Laguerre.

— De quel pays, sont ces écus ?
Viennent-ils d'Angleterre ?
Ou d'autres pays inconnus ?
Dites-le nous, Laguerre,
Paulus,
Dites-le nous, Laguerre.

— Avec quelles sortes d'écus,
Boulanger fait-il faire
Le landau qu'est son omnibus ?
Avouez-le, Laguerre,
Paulus,
Avouez-le, Laguerre.

— Où sont déposés ces écus ?
Est-ce chez un notaire ?
Quel Cerbère veille dessus ?
Veuillez parler, Laguerre,
Paulus,
Veuillez parler, Laguerre.

— Pourquoi, dans ce beau sac d'écus
Qu'est le nerf de la guerre,
I' y' en a-t-il quand y' en n'a plus ?
Vous vous taisez, Laguerre,
Paulus ?
Vous vous taisez, Laguerre ?

— Dites-nous grâce à quels écus
Il est propriétaire

D'hôtels spacieux et cossus.
Le savez-vous, Laguerre,
Paulus ?
Le savez-vous, Laguerre ?

Où gît la marmite aux écus
Du « pauvre » militaire ?
Quels maris fait-il donc cocus ?
Dites-les noms, Laguerre,
Paulus ;
Dites les noms, Laguerre.

18 mai 1888.

ÇA IRA!

Air : Ça ira.

A SIMON SOENS.

Ah! ça ira, ça ira, ça ira!
Malgré Boulanger, un jour, la Commune,
Ah! ça ira, ça ira, ça ira!
Malgré Boulanger, ressuscitera.
Les obstacles qu'on lui suscitera,
Le peuple, d'un coup, les renversera.
Ah! ça ira, ça ira, ça ira!
Le Parlement, on l'épouvantera,
La Dictature, on la fusillera.
   Frappée avec la tribune,
    La Caserne tombera.
Ah! ça ira, ça ira, ça ira!

Ah! ça ira, ça ira, ça ira!
Le bon populo que Boulanger blouse,
Ah! ça ira, ça ira, ça ira!
Des massacres de Mai se souviendra.
De sa large main il étranglera
Les mitrons du traître et du scélérat.
Ah! ça ira, ça ira, ça ira!
Sans trembler, la Commune imitera
Collot-d'Herbois, Lebon, Carrier, Marat;
   Et, comme en quatre-vingt-douze,

    Tout le monde chantera :
Ah ! ça ira, ça ira ça ira !

Ah ! ça ira, ça ira, ça ira !
Tout les boulangistes à la lanterne !
Ah ! ça ira, ça ira, ça ira !
Tous les boulangistes on les pendra !
Le cou de Laguerre on le serrera ;
La langue de Vergoin s'allongera.
Ah ! ça ira, ça ira, ça ira !
Sous nos balles, Boulanger périra ;
Quant à Rochefort, on l'accrochera,
    Par les pieds, sous sa *Lanterne*
    Le peuple le tirera.
Ah ! ça ira, ça ira, ça ira !

Ah ! ça ira, ça ira, ça ira !
La Terre Promise du Prolétaire,
Ah ! ça ira, ça ira, ça ira !
A ses yeux, un beau jour apparaîtra.
Soldats et tribuns, tout s'effacera,
Sur les vieux débris on reconstruira.
Ah ! ça ira, ça ira, ça ira !
Au travailleur l'usine appartiendra,
Au cultivateur la moisson sera,
    Et le bonheur, sur la terre,
    Pour tout le monde luira !
Ah ! ça ira ça ira, ça ira !

19 mai 1888.

AUX MÈRES

> « Pendant le voyage de M. Boulanger
> à chaque arrêt du train, des mères lui
> tendent leurs enfants. »
> (Extrait des journaux.)

Vous qui, voyant passer Boulange,
Mères, lui tendez vos petits,
Craignez que l'ogre ne les mange,
Rassasiant ses appétits.
Ce beau panache de chimères,
Femmes, vous cache le danger.
Laissez les enfants à leurs mères ;
Laissez Laguerre à Boulanger.

Car, les enfants, c'est la semaille
De leur soi-disant champ d'honneur.
De cette moisson de marmaille,
La Mort sera le moissonneur.
Sourdes aux gloires militaires,
Il ne faut plus vous déranger.
Gardez vos enfants, pauvres mères :
Leur bourreau sera Boulanger.

Ces yeux, bleus comme des pervenches,
Seront fermés par le trépas.

L'ambitieux, de ces chairs blanches,
Fera de la chair à soldats.
Il jettera ces têtes chères,
Comme boulets à l'étranger.
Cachez vos enfants, pauvres mères ;
Voici que passe Boulanger !

20 mai 1888.

LES LAMENTATIONS DE BOULANGE

Air : *Qué cochon d'enfant !*

A ANDRÉ FAURE.

Des élections d' la Charente,
　　Voyant l' résultat,
L' général qu'un banquier rente
　　Ainsi s' lamenta :
« Vergoin, Roch'fort et Laguerre,
　　Ça d'vient un fouillis.
La Boulang'ri' n'va plus guère :
　　Qué cochon d' pays ! (*bis*)

Not' petit commerc' sè gâche ;
　　J'en suis convaincu :
La popularité m' lâche
　　Et me fait cocu.
Voilà donc, d' ma politique,
　　Les effets r'cueillis :
Va falloir fermer boutique !
　　Qué cochon d' pays ! (*bis*)

J'ai beau courir la province,
　　Singeant le tribun,
Petit à p'tit on évince
　　L' mendiant importun.

Mes cris sont, comm' dans l'Isère,
    Partout accueillis :
On a soupé d' Bélisaire !
    Qué cochon d' pays ! (*bis*)

La France est une maîtresse
    A l'esprit changeant :
Pendant un an, ell' vous tresse
    Des couronn's d'argent.
Un beau jour, quand on veut mettre
    Les lauriers cueillis,
Ell' fait la nique à son maître !
    Qué cochon d' pays ! (*bis*)

17 juin 1888.

LES VIGNERONS DE BOURGOGNE

Air des : *Pioupious d'Auvergne.*

A MOLARD, *archiviste de l'Yonne.*

Dorant la Bourgogne,
L'soleil des vign'rons
Fait d'la bell' besogne
Dans les environs.
Quand, d'un' gross' vendange
S'annonc' le régal,
Partout d'la Boulange,
On se moqu' pas mal.

L'été promet le plus beau des automnes ;
Pour vider les ceps,
Faudra du biceps.
Quatre-vingt-huit mettra d'l'or dans nos tonnes,
Et pour vendanger,
Nous nous pass'rons bien d'Boulanger.

De leur passé dignes,
Les coteaux voisins
Ont partout leurs vignes
Pleines de raisins.
Tous les plants, au large,
Pench'nt comm' des homm's saoûls,

　　　　Ployant sous la charge
　　　　Des pièc's de cent sous.

L'été promet le plus beau des automnes ;
　　　　Pour vider les ceps,
　　　　Faudra du biceps.
Quatre-vingt-huit mettra d' l'or dans nos tonnes,
　　　　Et pour vendanger,
　　Nous nous pass'rons bien d' Boulanger.

　　　　Gros comme des papes
　　　　Et pleins de quibus,
　　　　Les raisins, par grappes,
　　　　Pend'nt, grâce à Phœbus.
　　　　S' ralliant à la flamme
　　　　De c' chef sans pareil,
　　　　La Bourgogne acclame
　　　　L' général Soleil.

L'été promet le plus beau des automnes ;
　　　　Pour vider les ceps,
　　　　Faudra du biceps.
Quatre-vingt-huit mettra d' l'or dans nos tonnes,
　　　　Et pour vendanger,
　　Nous nous pass'rons bien d'Boulanger.

Auxerre, 18 juin 1888.

LE CHAR BOULANGISTE

Air : Mon père était pot.

A PIERRE DUFAY.

Malheureux César de carton,
   Boulanger, mon pauvre homme,
Il est temps d' mener chez l' charron
   Ton vieux char d'Hipprodrome.
     Tes ross's, dans l' brancard.
     Réclam'nt leur Macquart ;
   Leur maigreur crie : « A l'aide ! »
     T'as beau taper d'ssus :
     Ça ne marche plus
   Comme sur Déroulède.

D' ton landau, chaqu' jour, un beau gnon
   Accélèr' le massacre.
Crois-moi, mon pauvre Collignon,
   I' faut r'miser ton fiacre.
     Pour tes pauvr's chevaux
     Qui n'ont plus qu' les os,
   La route devient laide.
     T'as beau taper d'ssus :
     Ça ne marche plus
   Comme sur Déroulède.

A chaque instant, de nouveaux r'ssorts
   Cass'nt, que ça vous consterne.
De pierr's, maintenant, quand tu sors,
   On assaill' ta *Lanterne*.
      Tu cogn's, plein d'émoi,
      Criant : « Sauvez-moi,
   Mes bons coursiers d' Tolède ! »
      T'as beau taper d'ssus :
      Ça ne marche plus
   Comme sur Déroulède.

En voyant ta guign', les parieurs
   Serr'nt les cordons d' leur bourse.
De ton côté n' sont plus les rieurs ;
   Tu vas perdre la course.
      De ton char de r'but.
      L'att'lage est fourbu ;
   Prends un vélocipède.
      T'as beau taper d'ssus :
      Ça ne marche plus
   Comme sur Déroulède.

22 juin 1888.

L'ENTERREMENT DE BOULANGER

Air de : Malborough.

A MICHEL ANÉZO.

J'ai vu passer en rêve,
Mironton, mironton, mirontaine,
J'ai vu passer en rêve
L'enterr'ment d' Boulanger *(ter)*.

Laguerr' portait son sabre,
Mironton, mironton, mirontaine,
Laguerr' portait son sabre ;
Naquet ses étriers *(ter)*.

Mayer, son paquet d'lettres,
Mironton, mironton, mirontaine,
Mayer, son paquet d'lettres,
Aidé d' Le Hérissé *(ter)*.

Michelin, son panache,
Mironton, mironton, mirontaine,
Michelin, son panache,
De larmes tout mouillé *(ter)*.

Rochefort, ses bott's rouges
Mironton, mironton, mirontaine,
Rochefort, ses bott's rouges
Du sang des fusillés *(ter)*.

Vergoin, des bouts d' sa barbe,
Mironton, mironton, mirontaine,
Vergoin, des bouts d' sa barbe,
Dans un' boît' conservés *(ter)*.

Lalou, ses lunett's bleues,
Mironton, mironton, mirontaine,
Lalou, ses lunett's bleues,
Dans leur étui fermé *(ter)*.

Duguyot, ses béquilles,
Mironton, mironton, mirontaine,
Duguyot, ses béquilles,
Laporte, son faux-nez *(ter)*.

Laisant, tous les costumes
Mironton, mironton, mirontaine,
Laisant, tous les costumes
Dont il s'est affublé *(ter)*.

Seul, son ch'val de bataille,
Mironton, mironton, mirontaine,
Seul, son ch'val de bataille
N'avait rien à porter *(ter)*.

Dans un tonneau d' vidange,
Mironton, mironton, mirontaine,
Dans un tonneau d' vidange
On a tout enterré *(ter)*.

D'vant la tomb', sur sa lyre,
Mironton, mironton, mirontaine,
D'vant la tomb', sur sa lyre,
Déroulède a chanté (*ter*).

J' n'en sais pas davantage,
Mironton, mironton, mirontaine,
J' n'en sais pas davantage,
Car je m' suis réveillé (*ter*).

1ᵉʳ juillet 1888.

ROCHEFORT PERPLEXE

A RANC.

Rochefort est embarrassé :
Ça tourne mal pour la Boulange ;
Le polichinelle est cassé ;
De pantin il est temps qu'on change.
Pour le vieux marquis scélérat
La situation n'est pas tendre.
Pour brûler ce qu'il adora,
Comment diable va-t-il s'y prendre ?..

Aucun doute n'est plus permis :
La fin de l'aventure est proche.
L'un après l'autre, les amis
Décampent, de peur d'anicroche.
Rochefort pense que le train
Contre quelque roc va se fendre.
Afin de sortir du pétrin,
Comment diable va-t-il s'y prendre ?...

Décidément notre climat,
Au Boulanger n'est pas propice.
La timbale est en haut du mât ;
Oui, mais, par malheur, le mât glisse.

Henri se sent dégringoler,
Tout bas, il aspire à descendre ;
Mais sans trop faire rigoler.
Comment diable va-t-il s'y prendre ?...

Faut-il lâcher effrontément
Le saltimbanque et sa baraque ?...
Faut-il s'éloigner prudemment
De la maison qui, tout bas, craque ?...
Faut-il dire qu'il s'est trompé ?...
Qu'à tout âge, l'on peut apprendre ?...
Fut-il dupeur ou bien dupé ?...
Comment diable va-t-il s'y prendre ?...

Rochefort, en proie au tourment,
Tu ne tromperas plus personne.
L'heure du juste châtiment
Au cadran de l'avenir sonne.
Sois tranquille, mauvais gaga,
La Rouge, encor, peut bien attendre.
Pour nettoyer le renégat,
Nous saurons comment nous y prendre.

2 juillet 1888.

GAVROCHE A BOULANGE

A EMMANUEL ARÈNE.

— Eh ben, dis donc, mon vieux Boulange,
M' sembl' que l' triomphe est suspendu !
I' faut prendre une étoil' de r'change
Ou t' payer d' la cord' de pendu.
Dam, la gloire est un p'tit jeu traître
Où l'on n'est pas toujours gagnant.
Qui sait? la vein' reviendra p't-être ;...
Mont' donc su' ton ch'val, eh ! feignant !

Tu t'endors comme un' vieill' baderne
Sur tes lauriers de papier peint.
Ben, vrai ! pour un César moderne,
Mon pauv' vieux, t'es rien pas rupin !
Toi qu'avais un si beau panache,
C'est drôl' ce que tu d'viens gnangnan !
C'est donc vrai qu' tu n' s'rais qu'un' ganache?...
Mont' donc su' ton ch'val, eh ! feignant !

Montre-leur que t'as pas qu' la gueule,
Et que t'as du biceps aussi.
D'puis qu' t'es élu, t'es mou, t'es veule ;
On ajout' mêm' que t'as grossi.
Toi qu'avais l'air, su' ta monture,
D' François premier à Marignan,

Au lieu d' poser pour la sculpture,
Mont' donc su' ton ch'val, eh! feignant!

Dans les titis on t' gobe encore,
Mais ça n' peut pas durer longtemps.
La foule est un' drôl' de pécore
Dont les amours sont inconstants.
Si l'on n' lui réserv' pas d' surprises,
A' n' nous suit plus qu'en rechignant.
Au lieu de r'garder si tu frises,
Mont' donc su' ton ch'val, eh! feignant!

T'avais promis d' fout' par la f'nêtre
La Chambre et tout le ba-ta-clan.
Le bonheur, par toi, devait r'naître
Partout, grâce à ton fameux plan.
Un' fois nommé, phuit!... p'us personne!...
Le peup' va toujours se plaignant,
Attendant qu' l'heure, au cadran, sonne.
Mont' donc su' ton ch'val, eh! feignant?

Si quéqu's-uns ont voulu t'élire,
Faut pas croir' qu' c'est pour tes beaux yeux.
Sais-tu ce qu'on commence à dire?
Qu' tu n'es qu'un vulgaire ambitieux;
Que toi, de mêm' que tes apôtres,
Pour l'assiette au beurr' se cognant,
Vous êt's des canaill's, comm' les autres!...
Mont' donc su' ton ch'val, eh! feignant!

3 juillet 1888.

LES RENÉGATS DE LA RÉPUBLIQUE

PETITE SCÈNE QUI SE PASSERA PLUS TÔT QU'ON NE PENSE

Air : *Au clair de la lune.*

A HILLEBRAND.

LAISANT

Bonne République,
Ah! si j'avais su!...
Reçois la supplique
De ton fils déçu.
La Boulange est morte;
C'est pas amusant.
Ouvre donc ta porte
Au pauvre Laisant.

LAGUERRE

De mon cœur, naguère,
Je t'avais fait don.
Au naïf Laguerre
Donne ton pardon.
Que veux-tu qu'il fasse ?
Regagnant ton toit,
Il fait volte-face
Et rentre chez toi.

MICHELIN

Tendre Marianne,
Ton ancien amant
Aux alentours flâne
Éternellement.
Fini, le collage
Avec Boulanger !...
Vers toi, le volage
Revient voltiger.

NAQUET

Ernest ! quelle rosse !
Mère, excuse-nous.
Je roule ma bosse
A tes deux genoux.
Quittant la Boulange,
Je retourne au Droit.
A mes yeux, tout change :
Je redeviens droit.

CLOVIS HUGUES

Je suis une cruche !...
Sale Boulanger !...
Comme une perruche,
J'ai l'esprit léger !
De la route oblique,
Ouf !... je suis sorti.
Ouvre, République,
Au fils repenti !

ROCHEFORT

Au clair de la lune,
Je chante, perclus :
« Mère, pardonne une
Culbute de plus.
Boulanger me lâche
Comme un vieux crampon.
Il m'a fait, le lâche !...
Couper dans le pont ! »
Etc., etc., etc.

LA RÉPUBLIQUE

Silence !... parjures !...
Traîtres !... renégats !...
Cessez vos injures !...
Vous n'entrerez pas !...
Pour la République,
Les vendus sont morts.
Taisez-vous !... la clique !...
Et restez dehors !...

4 juillet 1888.

BOULANGER LITTÉRATEUR

Air : *Te souviens-tu?*

A COQUELIN CADET.

« Il est grand temps que l'on sache *que la France appartient à la France* et que, s'il est un devoir de bien accueillir les étrangers, il en est un plus grand encore, c'est de ne pas les laisser *se substituer à nous en prenant notre place.* »
(Réponse de Boulanger au président du meeting contre la main-d'œuvre étrangère.)

« Par le facteur, j'ai reçu votre lettre ;
Pour y répondre, il m'a fallu l'ouvrir,
Et du regard, afin de la connaître,
Du haut en bas, j'ai dû la parcourir.
Oui, l'étranger, hélas ! fait concurrence
A nos produits qui ne sont pas les siens.
La France, enfin, appartient à la France,
Et l'Allemagne appartient aux Prussiens.

Diminuer le prix de la main-d'œuvre,
C'est lésiner sur le prix du travail.
L'aigle hautain, ce n'est pas la couleuvre
Un éléphant n'est pas un éventail.
L'antipyrine annule la souffrance ;
Demandez-le plutôt aux pharmaciens.

La France, enfin, appartient à la France,
Et l'Allemagne appartient aux Prussiens.

En se mettant sans honte à notre place,
L'Europe, à nous, veut se substituer.
En nous chassant, c'est nous qu'elle remplace ;
En nous frappant, elle veut nous tuer.
Le désespoir, ce n'est pas l'espérance,
Et les nouveaux ne sont pas les anciens.
La France, enfin, appartient à la France,
Et l'Allemagne appartient aux Prussiens.

En m'arrêtant, je termine ma lettre ;
Je manque de papier, n'en ayant plus.
Pour que la poste aille vous la remettre,
Voyez, j'ai mis votre adresse dessus.
Par le savoir combattons l'ignorance ;
Vive à jamais les polytechniciens !
La France, enfin, appartient à la France,
Et l'Allemagne appartient aux Prussiens ! »

5 juillet 1888.

LA DÉBACLE

Air : *Ohé! Furondard!*

I

Les créanciers de Boulange.

A GUSTAVE COQUELIN.

Tout' la Boulang' s'injurie :
Y'a p'us d' foin dans l' râtelier.
Afin d' nourrir l'écurie,
Les gogos n' veul'nt plus payer.
C'est l' commenc'ment d' la débâcle
Pour notre brav' général.
Le mond' des cam'lots renâcle
Et chant' comme un seul choral :

    Ohé! Boulanger!
Chez nous la dèche est complète.
Faut abouler la galette,
Ou nous cessons d' voyager!
    Ohé! Boulanger!
Chez nous la dèche est complète.
Faut abouler la galette!
    Ohé! ohé! Boulanger!

Qu'i' s' rende à n'import' quell' gare,
D' l'Est ou d' l'Ouest, du Nord ou d' Lyon,
Les cam'lots, dans la bagarre,
Lui réclam'nt leur p'tit million.
Bien qu' soigneus'ment il se cache,
Quand il s'en va quelque part,
Les vendeurs, sous sa moustache,
Lui chant'nt su' l' quai du départ :

  Ohé ! Boulanger !
   Etc., etc.

Quand dehors il se hasarde,
De chaqu' coin d' rue émergeant,
Les crieurs de la *Cocarde*
Vienn'nt lui demander d' l'argent.
Quand il entr' dans un théâtre,
Les marchands d' billets en chœur,
Pour lui réclamer leur plâtre,
Lui chantent, d'un air moqueur :

  Ohé ! Boulanger !
   Etc., etc.

Pauvres cam'lots, votr' créance,
Hélas ! ne vaut plus un rond.
Boulange est dans l'indigence
Et n'a plus un picaillon.
Comment voulez-vous qu'il paye ?
Pour lui, le crédit est mort.

Renonçant à vot' monnaie,
Ensemble chantez bien fort :

Ohé ! Boulanger !
Puisque t'es dans la débine,
Le camelot se débine ;
D'opinion i' va changer !
Ohé ! Boulanger !
Puisque t'es dans la débine,
Le camelot se débine.
Ohé ! ohé ! Boulanger !

6 juillet 1888.

LA DÉBACLE

II

Les actions Boulanger.

A COQUELIN AINÉ.

Las d'être pris pour des nigauds,
Pauvres vaches trop souvent traites,
Lâchant Boulanger, les gogos
Ne veulent plus signer de traites.
L'argent, empoigné par le trac,
Prudemment déserte la caisse.
Noirs symptômes d'un prochain krach,
Les actions sont à la baisse.

C'est l'histoire du pot-au-lait :
Boulanger faisait de beaux rêves ;
Plein de gloire, il caracolait
Parmi les lauriers et les glaives.
L'affaire semblait dans le sac…;
Tout à coup, le mirage cesse :
Noirs symptômes d'un prochain krach,
Les actions sont à la baisse.

Les naïfs, trop souvent mordus,
Serrent les cordons de la bourse.

Les traîtres, se sentant perdus,
Bien loin d'Ernest prennent leur course.
La dictature est dans le lac ;
Les dévots négligent la messe.
Noirs symptômes d'un prochain krach,
Les actions sont à la baisse.

Flétri par les républicains,
Dédaigné par les monarchistes,
Méprisé par tous ses coquins
Et blagué par tous ses fumistes,
Le protégé de Cassagnac
Mangera seul sa bouillabaisse.
Noirs symptômes d'un prochain krach,
Les actions sont à la baisse.

7 juillet 1888.

LA DÉBACLE

III

Le rêve de Boulanger, ou la chute des feuilles.

AU MILLEVOYE DE LA BOULANGE.

Les journaux d'Ernest, à la fois,
Tombaient, tombaient, neige blafarde.
Le *Croissant* était sans *Cocarde* ;
Le camelot était sans voix.
Un beau général, à pas lents,
De la guigne pleurant l'aurore,
Parcourait, une fois encore,
Ces quartiers, autrefois hurlants :
« Triste rue ! adieu ! je succombe !
Ton silence me dit mon sort,
Et dans chaque feuille qui tombe,
Je vois un présage de mort.
Fatal cauchemar ! mauvais rêve !
Tu m'as dit : « Georges, c'est fini ;
» Ta popularité fait grève :
» Retourne à ton hôtel garni. »

« C'est la débine. Dans ma bourse,
Je n'ai rien. Ici, sans façon,

Je m'en vais, suprême ressource,
Me faire sauter le caisson.
Tombe ! tombe ! presse éphémère !
Couvre, hélas ! ce morne pavé :
Cache au désespoir de Laguerre
La place où je serai crevé.
Mais si la foule, réveillée,
Ici vient pleurer sur mes os,
Frappe, par de lointains échos,
Ma pauvre âme désennuyée ! »

Il dit, se frappe, et sans retour.
La dernière *Presse* qui tombe
A signalé son dernier jour.
Dans l'égout on creusa sa tombe.

Mais la foule ne revint pas
Visiter sa dalle isolée.
Rochefort, l'âme désolée,
Troubla seul, du bruit de ses pas,
Le silence du mausolée !

8 juillet 1888.

LA DÉBACLE

IV

Le voyage à Antrain.

Air : *J'entre en train quand il entre en train.* (Marc Chautagne.)

A AUGUSTE TESTE.

Pour Boulang', les voyag's se suivent,
Mais, hélas ! ne se r'ssemblent pas.
Malgré c' que ses valets écrivent,
Le peupl', de lui, n'fait plus grand cas.
La fameus' tournée en Bretagne
Est un véritable fiasco.
Le vieux refrain de Marc Chautagne,
En moi, chante comme un écho :

Entre Antrain, l'entrain manque en train ; } *Bis.*
Entre Antrain, l'entrain manque !

L'brav' général, par la portière,
Passe sa tête à chaqu' station,
Croyant voir, le long d' la barrière,
Se ranger une députation.
Mais, sans s'arrêter, le train passe
Et n'recueill' qu d' lointains sifflets.
L' général, en f'sant la grimace,

Grogne : « Si l'on m'y r'prend jamais !

Entre Antrain, l'entrain manque en train ; } *Bis.*
Entre Antrain, l'entrain manque ! »

Voyager pour la dictature,
Ça n'rapport' que des trognons d'choux.
Ernest, dans un coin d' la voiture,
Murmur' : « C'est rasoir, entre nous !
Si vous saviez ce que j'regrette
L'époque où j'étais général !
Dans ce wagon, vrai, c' qu'on s'embête !
Ousqu'est l'temps où j'étais à ch'val !

Entre Antrain, l'entrain manque en train ; } *Bis.*
Entre Antrain, l'entrain manque ! »

10 juillet 1888.

LE TOUPET DE BOULANGER

Air de : La Chanson des peupliers.

A CLÉMENCEAU.

> « Je ne suis ni un ambitieux ni un coureur d'aventures césariennes; je suis loyal et franc, et je n'ai jamais essayé de tromper personne. »
> (Paroles de Boulanger à Antrain.)

Les sphinx chantent aux pyramides :
« A vos larges pieds accroupis,
Nous avons l'air, sous les cieux vides,
De tout petits chiens assoupis.
Gardiens de pierre impérissables,
Phares immenses des déserts,
Calmes, vous regardez les sables
S'étendre ainsi que l'eau des mers.

Étonnant les siècles qu'entasse
Sur vous le Temps, vieux messager,
Il est une chose, en l'espace,
   Qui vous dépasse :
C'est le toupet de Boulanger ! » (*Bis.*)

Ironique, la tour Saint-Jacques
Crie, au loin, à la tour Eiffel :

« Humble, je baigne dans les flaques.
Superbe, tu touches au ciel.
Le fer est ta solide étoffe ;
Tu fais jaser tous les badauds.
Sous ta grande arche, Saint-Christophe
Passerait, sans courber le dos.

Sois moins fière, en ta carapace ;
Dans le tas, il faut te ranger.
Il est une tour dans l'espace
      Qui te dépasse :
C'est le toupet de Boulanger ! » (*Bis.*)

Le Mont-Blanc, plein de jalousie,
De loin, grogne à l'Himalaya :
« O toi, colosse de l'Asie,
Ta grandeur, longtemps, effraya.
A tous les yeux, ta cime blanche,
Blanche comme un voile d'hymen,
Semblait l'endroit où Dieu se penche,
Pour parler bas au genre humain.

Pleure, géant, la tête basse,
Ton triomphe, hélas ! passager ;
Il est un sommet dans l'espace
      Qui te dépasse :
C'est le toupet de Boulanger ! » (*Bis.*)

    11 juillet 1888.

LA QUESTION DES CHIENS

OPINION DE BIBI

A TOUNINE JOHN.

M'sieur Lozé, not' préfet d' police,
Contre les cabots entre en lice.
Il paraîtrait que tous les maux
Nous vienn'nt de ces brav's animaux.
J'dis qu'il a tort de fair' des niches
A nos bons amis les caniches.
Y' a qué'qu'un qu'offre plus d' danger :
C'est l' brav' général Boulanger.

Les chiens, errant à l'aventure,
N'aspir'nt pas à la dictature.
Quelque temps qu'il fass', chaud ou frais,
Ils ne voyag'nt pas à nos frais.
Ils ont un' conduit' polissonne ;
Mais, quoi, ça n' fait d'mal à personne.
Y' a qué'qu'un qu'on d'vrait attacher :
C'est l' brav' général Boulanger.

» Les chiens mord'nt », dit-on ; c'est un' craque :
I's n'mord'nt que c'lui qui les attaque,

Et puis, i's sont très rigolos,
Quand ils se dis'nt bonjour dans l'dos.
Leur voix, à tort, on la critique :
I's n'aboi'nt pas d' la politique.
Y' a qué'qu'un qu'on devrait mus'ler :
C'est l'brav' général Boulanger.

La polic' les pig' par derrière,
Pour les conduire à la fourrière.
D'vant la rousse, i's sont nos égaux,
Car, leurs bêt's noir's c'est les sergots.
Au lieu de conduire à la chaîne,
Ces copains de la race humaine,
Y' a qué'qu'un qu'on devrait piger :
C'est l' brav' général Boulanger.

De pitié j' sens mon cœur se fendre,
Quand, comm' des bandits, j' les vois pendre.
S' passant d' cour d'assis's et d' jurés,
On les exécut' sans curés.
L' bourreau, sans tambour ni trompette,
Leur-z-y serre la margoulette.
Y' a qué'qu'un qu'on d'vrait nettoyer :
C'est l' brav' général Boulanger.

12 juillet 1888.

LA BASTILLE

Air de : *La ronde du Veau d'or.* (Faust.)

A PAULARD.

La Bastille est toujours debout !
    Sa grande ombre   } *Bis.*
    S'étend, sombre,
D'un bout du monde à l'autre bout.
  Son nom infâme est l'Usine.
  Les exploiteurs confondus,
  Autour, dansent, éperdus,
  Conduits par l'âpre lésine,
  La ronde du Capital, (*bis.*)
  Et l'argent mène le bal,
    Mène le bal ;
  Et l'argent mène le bal !
    Mène le bal !

La Bastille est toujours debout !
    Sa grande ombre   } *Bis.*
    S'étend, sombre,
D'un bout du monde à l'autre bout.
  Son nom féroce est l'Armée.
  Autour d'elle, l'arme en main,
  Les fléaux du genre humain

Dansent, parmi la fumée,
Leur ronde, au rhythme brutal, (bis.)
Et la mort mène le bal,
    Mène le bal !
Et la mort mène le bal !
    Mène le bal !

La Bastille est toujours debout !
    Mais la ronde,
    Là bas, gronde   } Bis.
D'un bout du monde à l'autre bout.
Sinistres, les ventres vides,
Au lointain, au nom du Droit,
Farouches, montrent du doigt,
A leurs exploiteurs livides,
Le Waterloo social ; (bis.)
Bourgeois, gare au dernier bal !
    Au dernier bal !
Bourgeois, gare au dernier bal !
    Au dernier bal !

14 juillet 1888.

LE DUEL FLOQUET-BOULANGER

A ÉTIENNE CARJAT.

> « Deux fois M. Floquet a été désarmé; deux fois le général Boulanger s'est baissé, a ramassé à terre l'épée de son adversaire, et la lui a tendue en souriant. »
>
> (*La Cocarde.*)

Si Boulanger avait voulu,
   Lanturelu,
De son large poignet de pierre,
Saisissant le Floquet, il l'eût,
   Lanturelu,
Trempé dans la grande soupière !
Si Boulanger avait voulu,
   Lanturelu,
Il se passait bien de rapière !

Si Boulanger avait voulu,
   Lanturelu,
Terrible comme une harpie,
Empoignant le Floquet, il l'eût,
   Lanturelu,
Débarrassé de la pépie !
Si Boulanger avait voulu
   Lanturelu,
Il en faisait de la charpie !

Si Boulanger avait voulu,
    Lanturelu,
Tranquille comme à l'exercice,
Transperçant le Floquet, il l'eût,
    Lanturelu,
Haché comme chair à saucisse !
Si Boulanger avait voulu,
    Lanturelu,
Il en faisait du pain d'épice !

Si Boulanger avait voulu,
    Lanturelu,
Calme comme à la promenade,
Avalant le Floquet, il l'eût,
    Lanturelu,
Traité comme une limonade !
Si Boulanger avait voulu,
    Lanturelu,
Il en faisait de la panade !

Mais Boulanger n'a pas voulu,
    Lanturelu,
De cela qu'un autre le blâme :
Le Floquet, de gloire, est goulu,
    Lanturelu,
Boulanger, plein de grandeur d'âme,
En se laissant battre, a voulu,
    Lanturelu,
Lui faire une grosse réclame !

17 juillet 1888.

LA DÉBACLE

V

Les deux Quatorze Juillet.

RÉFLEXIONS DE BOULANGER DANS SON LIT

Air : *Combien j'ai douce souvenance !* (Chateaubriand.)

A ÉMILE RICHARD.

Dis-moi, t'en souviens-tu, Laguerre ?...
J'étais ministre de la guerre...
Autrement beau que cet œillet
    Vulgaire,
Pour moi, le soleil de Juillet
    Brillait.

Ma plume, rouge, bleue et blanche,
Frissonnait sous le ciel pervenche.
On m'appelait « le général
    Revanche »,
Et j'allais sur mon triomphal
    Cheval.

Les lauriers me tombaient par gerbes ;
Je caracolais dans les herbes ;
Mille tambours battaient aux champs,
    Superbes ;

Ma gloire emplissait de ses chants
Longchamps.

J'étais l'Avenir invincible.
Vers moi, comme vers une cible,
Convergeait l'amour de tout cœur
Sensible.
Paris acclamait le vainqueur,
En chœur.

. . . .

Mais aujourd'hui, sans espérance,
Me sentant lâcher par la France,
Je me débats dans ton licou,
Souffrance.
Dans mon lit, je souffre beaucoup,
Au cou.

Ma défroque, d'un coup d'épée,
Par un vieil avocat frappée,
Gît, ô destin calamiteux !
Fripée,
Près de mon panache miteux,
Piteux.

Touchatout sera mon Plutarque ;
Dans le ridicule on me parque ;
Lion rossé par un roquet,

Ma barque
Sombre sous le petit flot qu'est
Floquet.

Sur ma pièce on baisse la toile,
Je ne trouve plus mon étoile :
Sa douce flamme que j'aimais
Se voile ;
Je ne la verrai désormais,
Jamais !

18 juillet 1888.

L'ÉLECTION DE L'ARDÈCHE

Air : *Paris à cinq heures du matin.* (Désaugiers.)

A LÉON GANDILLOT.

Ernest, sans dépêche
Que Labbé repêche,
Pensant à l'Ardèche,
Avec un sanglot,
Grogne : « Quelle dèche !
Pendant qu'on me bêche,
Au lit je dessèche...
C'est pas rigolo !...

Ma peau de pêche,
Jadis si fraîche,
Redevient rêche...
De nouvelles, point...
A la flammèche,
Brûlant la mèche
De ma bobèche,
Je me mords le poing.

Du doute la flèche
Rend ma gorge sèche

Car, dans cette pêche
Au poisson d'avril,
L'électeur pimbêche,
Sablant du campêche,
Là-bas, dans l'Ardèche,
A l'appât mord-il ?

La fièvre lèche
Ma langue blêche ;
L'abbé me prêche
Inutilement.
Maudite Ardèche,
Loin de ta brèche,
Seul dans ma crèche,
Je meurs lentement.

Boulanger-Bobèche,
Pleurant sa calèche,
Au lit se dessèche
Et maudit tout bas
Le destin revêche,
Car, son mal l'empêche
D'aller dans l'Ardèche,
Visiter Privas.

19 juillet 1838.

LES SERGOTS BOULANGISTES

Air de : *La Carmagnole.*

A OSCAR MÉTÉNIER.

« Au poste des Bassins, les gardiens de la paix ont démoli le mobilier, aux cris de : « Vive Boulanger ! » et proférant des menaces contre le gouvernement de la République »

(Extrait des journaux.)

De Paris voulant se venger, (*Bis*)
Les sergots sont pour Boulanger. (*Bis*)
   Ils gueulent, fanfarons :
   « Un jour, nous tremperons,
   Dans la grande soupière.
    Vive le sang ! (*Bis*)
   La soupe au populaire ;
    Vive le sang
     Du passant !

Dansons la Boulangère
   Vive le sang ! (*Bis*)
Dansons la Boulangère
   Vive le sang
    Du passant !

Les rouges, au nez des roussins. (*Bis*)
Se prélassent sur des coussins. (*Bis*)

Ça ne peut pas durer !
Va falloir les murer !
Il faut un militaire,
   Vive le sang ! (*Bis*)
Pour foutre tout par terre !
   Vive le sang
    Du passant !

Dansons la Boulangère
   Vive le sang ! (*Bis*)
Dansons la Boulangère,
   Vive le sang
    Du passant !

Au dix-huit Mars, les communards (*Bis*)
Ont des petits airs goguenards. (*Bis*)
   Quand Boulange on aura,
   A son aise, on pourra
   Fêler la cafetière,
    Vive le sang ! (*Bis*)
Du peuple, au cimetière !
   Vive le sang
    Du passant !

Dansons la Boulangère,
   Vive le sang ! (*Bis*)
Dansons la Boulangère.
   Vive le sang
    Du passant !

Les sergots ont soif de cogner, (*Bis*)
De dégaîner et de saigner; (*Bis*)
   Sous monsieur Boulanger,
   Ils pourront, sans danger,
   Au grand jour, sans mystère,
     Vive le sang ! (*Bis*)
   Manger du prolétaire !
    Vive le sang
     Du passant !

Dansons la Boulangère,
  Vive le sang ! (*Bis*)
Dansons la Boulangère,
  Vive le sang
   Du passant !

20 juillet 1888.

RÉPONSE D'UN « VOYOU »

A GASTON SÉNÉCHAL.

> « M. Laguerre s'excuse d'être en retard. Il ajoute que, toutefois, ses excuses ne s'adressent pas aux « *voyous* » qui se permettent de siffler systématiquement. Ce mot de « *voyous* » provoque une nouvelle tempête. On somme M. Laguerre de le retirer. »
> (L'élection de l'Ardèche.)

Espèc' d'échappé d' Saint-Sulpice,
Aboule un peu ton sal' caillou !
Mauvais Saint-Just en pain d'épice,
Je vais t' dir' ton fait, moi « voyou » :
Reluquez-moi c' pou d' séminaire,
C' méchant aztèque au cou tordu !
Si ça n' fait pas suer, cré tonnerre !
Sors donc que j' te crève, eh ! vendu !

Montre-nous ton museau, qu'on l' giffle !
Voyez-vous c' fœtus sans bocal
Nous traiter d' « voyous », parc' qu'on siffle
Ses méchants propos d' clérical !
« Voyou » toi-même, avorton d' prêtre ;
Le peuple en a trop d'êtr' tondu ;
I' crach' sur ta bobin' de traître !
Sors donc que j' te crève, eh ! vendu !

Le seul « voyou » s' trouv' dans ta ch'mise,
Dégoûtant' paillasse à soldats ;
Te livrant comme un' fill' soumise,
T'as lâché l' peuple, en vrai Judas.
A Boulang', pour dev'nir ministre,
Not' drapeau roug', tu l'as rendu !
Tu n'es qu'un p'tit gredin sinistre !
Sors donc que j' te crève, eh ! vendu !

Espèc' de chéri d' cabotines,
Tu commenc's à nous fair' rager.
Content'-toi d' cirer les bottines
Du brav' général Boulanger.
« Enfant de chœur » de la Boulange
Accroupi, le derrièr' tendu,
Approche un peu ton nez, qu'on l' mange !
Sors donc que j' te crève, eh ! vendu !

Sois tranquill', va, t'es su' la liste !
Vienn' la Roug', tu n'y coup'ras point !
Effronté parjur' socialiste,
L'avenir te montre le poing !
Sans pitié, le peupl', pour que l' traître,
A la lanterne soit pendu,
Viendra crier devant ta f'nêtre :
« Sors donc que j' te crève, eh ! vendu ! »

21 juillet 1888.

LES « VOYOUS » DE L'ARDÈCHE

Air des : Ploupious d'Auvergne.

AUX ÉLECTEURS DE L'ARDÈCHE.

La Boulange en dèche,
Traite de « voyous »
Les gas de l'Ardèche ;
Amis, comptons-nous !
A grands coups de trique,
Vigoureusement,
Chassons cette clique
Du département !

Quand les « voyous » d' l'Ardèche iront aux urnes,
    Laguerr' bisquera,
    Roch'fort écum'ra.
Nos vot's, chassant tous ces oiseaux nocturnes,
    Iront, pour s' venger,
Rouvrir la gorge à Boulanger.

Flattant l'espérance
De tous les Français,
Boulange à la France,
Promet cent succès.
Or, ce chef d'armée
Ne sait même pas

Tenir une épée
D'vant d' vieux avocats!

Quand les « voyous » d' l'Ardèche iront aux urnes,
Laguerr' bisquera,
Roch'fort écum'ra.
Nos vot's, chassant tous ces oiseaux nocturnes,
Iront, pour s' venger,
Rouvrir la gorge à Boulanger.

C' que Boulang' suscite
En Franc', sans pudeur,
C'est un plébiscite,
Pour dev'nir emp'reur.
C' bandit nous embête;
Ernest, c'est dans l'air,
S' f'ra casser la tête
A coups d' revolver!

Quand les « voyous » d' l'Ardèche iront aux urnes,
Laguerr' bisquera,
Roch'fort écum'ra.
Nos vot's, chassant tous ces oiseaux nocturnes,
Iront, pour s'venger
Rouvrir la gorge à Boulanger.

22 juillet 1888.

LA DÉBACLE

VI

En revenant de l'Ardèche.

Air : *J'ai un pied qui r'mue!*

A LÉON DELARUE.

GAVROCHE, *à Laguerre.*

— Ah ! dites-moi qui vous a donné (*bis*)
Ce grand coup de poing sur le né ?... (*bis*)

LAGUERRE

— Hélas c'est l' cadeau
D'un électeur de l'Ardèche,
Un' brute, un lourdaud...
Allez m'chercher un peu d'eau !

J'en suis tout perclus !
La Boulange est dans la dèche !
J'en suis tout perclus !
La Boulange ne va plus !

GAVROCHE, à *Le Hérissé*.

— Ah ! dites-moi qui vous a flanqué (*bis*)
Le coup dont votre œil est marqué ?... (*bis*)

LE HÉRISSÉ

— Hélas ! c'est sur l' seuil
D'un électeur de l'Ardèche,
Que j'ai r'çu c' poche-œil
Qui met ma bobine en deuil !

J'en suis tout perclus !
La Boulange est dans la dèche !
J'en suis tout perclus !
La Boulange ne va plus !

GAVROCHE, à *Laisant*.

— Ah ! dites-moi qui vous a fichu (*bis*)
Ce bleu sur votr' menton fourchu ?... (*bis*)

LAISANT.

— Hélas ! j' lai r' çu dans
Un' réunion de l'Ardèche !
L's électeurs ardents
M'ont cassé quatre ou cinq dents !

J'en suis tout perclus !
La Boulange est dans la dèche !
J'en suis tout perclus !
La Boulange ne va plus !

GAVROCHE, à *Naquet.*

— Ah ! dites-moi qui vous a foutu (*bis*)
Ce pain dans votre dos tortu ?... (*bis*)

NAQUET

— Hélas ! c'est l' bochon
D'un électeur de l'Ardèche !
Grâce à ce cochon,
J' suis fait comme un tir-bouchon !

J'en suis tout perclus !
La Boulange est dans la dèche !
J'en suis tout perclus !
La Boulange ne va plus !

23 juillet 1888.

LA DÉBACLE

VII

Le plébiscite Boulanger.

A MAURICE ISABEY.

D'un p'tit plébiscite
Voulant essayer,
Boulanger visite
Le pays entier.
I' ramasse un' pelle ;
Sans s'déconcerter,
C'est ça qu'il appelle
S' fair' plébisciter.

Par les Bouch's-du-Rhône
Commençant l' mouvement,
Sa bande le prône
Dans c' département.
F' sant la sourde oreille,
L' peupl', sans s'épater.
L'envoi', loin d'Marseille,
S' fair' plébisciter.

Boulang'-Bélisaire,
Montant son dada,

S'en va, dans l'Isère,
Quêter un mandat.
L' peupl' qui l' trouve ignoble,
Au lieu d' le porter,
L'envoi', loin d'Grenoble,
S' fair' plébisciter.

Lors, dans la Charente,
Sous un nom d'emprunt,
Boulang' se présente,
Sans succès aucun.
L' peupl' l'envoi' quand même
Et sans hésiter,
Bien loin d'Angoulême,
S' fair' plébisciter.

Boulang', dans l'Ardèche
Se présente alors ;
Le peuple, revêche,
Le jette dehors.
L'électeur, qu'il somme.
R'fusant d'écouter,
L'envoi', dans la Somme.
S'fair' plébisciter.

Boulang', dans la Somme,
Tomb'ra, c'est fatal.
Dans l'Histoire, en somme,
L' « mouv'ment national »

Port'ra, par la suite,
J'en suis convaincu,
Le nom d' « plébiciste
Des coup d' pied au cul ! »

24 juillet 1888.

LES PERLES DU VIEUX ROCHEFORT

I

A HENRI DRISSAC.

« L'élection de l'Ardèche met le président du Conseil au pied du mur. Il a rompu, dans l'affaire de la revision, *comme dans son duel de Neuilly.* »
(*Intransigeant* d'hier.)

Dans une fable inoubliable,
Le chêne déclare au roseau
Que, pour lui, l'orage effroyable
Ne pèse pas plus qu'un oiseau.
Quand la tempête se déchaîne,
Solide, il brave son fracas.
Immuable comme le chêne,
Monsieur Rochefort ne rompt pas.

Sans songer même à se défendre,
Dans un duel il sert de plastron.
Il laisse l'ennemi se fendre,
Riant des efforts du poltron.
La poitrine, de sang trempée,
Calme, dédaigneux du trépas,

Même criblé de coups d'épée,
Monsieur Rochefort ne rompt pas.

Quand un homme offensé lui crache
A la figure, sans broncher,
Tranquille, essuyant sa moustache,
Le marquis le laisse cracher.
Au fourreau gardant sa flamberge,
Tranquille il reçoit les crachats.
Lorsque de salive on l'asperge,
Monsieur Rochefort ne rompt pas.

Rien n'est capable d'interrompre
Sa route, quand il est lancé.
Nul tigre ne le ferait rompre ;
Il serait bientôt balancé !
Rien, pour le marquis, ne motive
La peine de changer un pas :
Devant une locomotive,
Monsieur Rochefort ne rompt pas.

Tout bas on a tort de prétendre
Que le marquis est ramolli.
Son vieux cœur n'en est que plus tendre :
Consultez Lolotte où Lili.
Pour lui, point n'est besoin de menthe,
Quand il brûle pour des appas :
Devant une femme charmante,
Monsieur Rochefort ne rompt pas.

Echappé de Calédonie,
Il prit femme dans maints endroits.
On dit (c'est une calomnie!)
Qu'il a divorcé plusieurs fois.
Plus d'une épouse abandonnée,
En pleurant, l'espère là-bas.
Tenant la parole donnée,
Monsieur Rochefort ne rompt pas.

25 juillet 1888.

IL PARTIRA!

Air de : En r'venant de la r'vue.

A AURÉLIEN SCHOLL.

« Le général Boulanger, qui pose sa candidature dans la Charente-Inférieure, dans la Somme et dans le Nord, a déclaré à ses amis que, s'il n'était pas élu dans ces trois collèges il *s'expatrierait*. »
(*Nation* d'hier.)

Aux gas de l'ancienne Saintonge,
Aux Flamands ainsi qu'aux Picards,
Boulanger, que l'insuccès ronge,
Dit qu'il va vider ses placards.
S'il ne décroche au moins un siège,
Dans un pauvre petit collège,
Il fera (pigez le tableau !)
Ses adieux de Fontainebleau.
    Electeurs abrutis,
    Vous êtes avertis :
Si vous blackboulez Boulanger,
De vous il saura se venger.
    Loin de se courroucer
    Si de le repousser
    Vous avez le toupet,
Il vous lâchera comme un pet.

Il partira !
Bien loin il s'en ira !
Peuple, il te laissera
   Dans la moutarde.
   Ton Boulanger
Quittera, sans rager,
La France, l'étranger
   Et la *Cocarde !*

Partout, en Europe, à la ronde,
On entend un sourd branle-bas.
Aux manœuvres le canon gronde,
Préludant aux prochains combats.
Les arsenaux sont pleins de poudre ;
Pour que se déchaîne la foudre
Sur le monde entier en arrêt
Une étincelle suffirait.
   Mais que fait l'étranger
   A monsieur Boulanger !
Ce qu'il lui faut, à ce soldat,
C'est un humble petit mandat.
   Il n'a pas réussi !
   C'est là son seul souci.
   Tout le monde est armé ;
N'importe, s'il n'est pas nommé...

   Il partira !
Bien loin il s'en ira !
Peuple ! il te laissera

Dans la moutarde.
Ton Boulanger
Quittera, sans rager,
La France, l'étranger
Et la *Cocarde!*

26 juillet 1888.

LES PERLES DU VIEUX ROCHEFORT

Air : *Mad'moiselle, écoutez-moi donc !*

II

A RÉTIES.

« Si M. Floquet s'imagine s'affranchir
des responsabilités qui lui incombent,
en envoyant 1,000 francs aux familles
des sept mineurs morts dans le dernier
coup de grisou de Montceau-les-Mines,
il prend le public pour un autre. »
(*Intransigeant* d'hier.)

— M'sieur Roch'fort, écoutez-moi donc !
Avant de blaguer les dons qu' font les autres,
　M' sieur Roch'fort, écoutez-moi donc !
Dites-nous l' montant d' votre propre don !

— Non, Monsieur, je n' vous écout' pas !
J' réponds pas à ceux qui n'sont pas des nôtres ;
　Non, Monsieur, je n' vous écout' pas !
Pour m' raser, Floquet doit vous payer gras ?...

— M'sieur Roch'fort, écoutez-moi donc !
Vous qui vous moquez d'un billet de mille,

M'sieur Roch'fort, écoutez moi donc !
Vous avez versé sans doute un million ?...

— Non, Monsieur, je n' vous écout' pas !
L'argent, faut pas croire, hélas ! que j' l'empile ;
Non, Monsieur, je n' vous écout' pas !
Faut pas s'figurer que j'en gagn' des tas.

— M'sieur Roch'fort, écoutez-moi donc !
Que donnerez-vous aux goss's des victimes ?...
M' sieur Roch'fort, écoutez-moi donc !
De vos appoint'ments f'rez-vous abandon !

— Non, Monsieur, je n' vous écout' pas !
Il me reste au plus cinquante centimes.
Non, Monsieur, je n' vous écout' pas !
Les cours's m'ont vidé mon vieux fond de bas.

— M'sieur Roch'fort, écoutez-moi donc !
Dit's-nous à combien s'mont'ra votre obole.
M'sieur Roch'fort, écoutez-moi donc !
De mon insistanc', j' vous d'mand' bien pardon.

— Non, Monsieur, je n' vous écout' pas !
Je traite ce soir Boulange et Chincholle.
Non, Monsieur, je n' vous écout' pas !
I' faut qu' j'aille ach'ter cinquant' francs de nougats.

— M'sieur Roch'fort, écoutez-moi donc !
Vous voulez r'monter l' dada socialiste ?...

M'sieur Roch'fort, écoutez-moi donc !
Vous voulez rach'ter votre trahison ?...

— Non, Monsieur, je n' vous écout' pas !
Vous êt's chansonnier ; moi, j' suis journaliste ;
Non, Monsieur, je n' vous écout' pas !
Le palais ne répond pas au gal'tas.

— M'sieur Roch'fort, écoutez-moi donc !
Vous avez beau fair', vous êt's sur la liste !
M'sieur Roch'fort, écoutez-moi donc ?
Vous n' travers'rez plus — on a coupé l' pont !

27 juillet 1888.

LA GRÈVE DES TERRASSIERS

Air : *Orléans, Beaugency.*

A LOUISE MICHEL.

Croyez-moi, terrassiers,
Afin que vous terrassiez
    La meute,
    La meute

Des riches, des patrons,
Opposez, à ces poltrons,
    L'émeute,
    L'émeute.

Au lieu de vous courber,
Par terre laissant tomber
    Vos pioches,
    Vos pioches.

Dans Paris, yeux ardents,
Promenez-vous, les mains dans
    Les poches,
    Les poches.

Terribles et sans voix,
Afin que les bons bourgeois

Intègres,
Intègres,

Vous voyant sans outils,
Se disent : « Où donc vont-ils,
Si maigres ?...
Si maigres ? »

Effrayant la villa,
Du fond de Belleville à
Montrouge,
Montrouge,

Du matin jusqu'au soir,
Arborez le drapeau noir
Et rouge,
Et rouge.

Parfois, près des chantiers,
Tous, il faut que vous chantiez,
Sinistres,
Sinistres,

Dédaignant vos bourreaux,
La chanson qui fait peur aux
Ministres,
Ministres.

A leur barbe, à leur nez,
Solidement, maintenez

La grève,
La grève,

Pour que l'accapareur,
D'épouvante et de terreur,
En crève,
En crève !

2 août 1888.

PIERROT (¹)

Air : *Au clair de la lune*.

A ADOLPHE WILLETTE.

LA GUERRE

— Je suis la Victoire,
Mon ami Pierrot,
Et toute l'histoire
Tient dans mon fourreau.
A cheval, je porte
La torche, en tout lieu.
Ouvre-moi ta porte,
Pour l'amour du Feu !

PIERROT

— Entre, la Défaite !
Ton ami Pierrot,
Chez lui, te fait fête,
Sans peur du haro.
Sous son toit transporte
Tes drapeaux, morbleu !
Il t'ouvre sa porte,
Pour l'amour de Dieu !

(1) Journal de Willette.

LA TYRANNIE

— Je suis l'Épouvante,
Mon ami Pierrot,
La mort pour servante,
La mer pour bourreau,
Je tue ou déporte,
Au nom de l'enfer.
Ouvre-moi ta porte,
Pour l'amour du Fer !

PIERROT

— Entrez, les Esclaves,
Les « colonisés » !
Irlande aux yeux caves,
Inde aux poings brisés !
Pierrot qui s'emporte,
Pour vous seuls bon fieu,
Vous ouvre sa porte,
Pour l'amour de Dieu.

LA FINANCE

— Je suis la Finance,
Mon ami Pierrot.
Le monde m'encense,
Loi, Presse et Barreau.
Sur tous je l'emporte,
Prince, duc et lord.
Ouvre-moi ta porte,
Pour l'amour de l'or !

PIERROT

— Entrez, les Sans-hardes
Et les sans-souliers !
Les gueux des mansardes
Et des ateliers !
Pierrot, quoique blême,
Chez lui fait du feu.
Entrez ! il vous aime,
Pour l'amour de Dieu.

4 août 1888.

L'ÉTÉ DE 1888

Air : Qué cochon d'enfant !

A MAURICE MAC-NAB.

Ami des pelouses vertes,
    Soleil, eh ! piouitt !...
Il me sembl' que tu désertes
    C' pauv' quatre-vingt-huit !
C'est-i' d' la bièr', du réglisse,
    Que l' ciel a pinté ?...
Vrai, c'est épatant c' qu'i' pisse !
    Qué cochon d'été ! (*Bis.*)

L' firmament, couleur de suie,
    N' s'arrêt' pas d' chiâler.
De temps en temps, i' n' s'essuie
    Que pour mieux r'couler.
J'ignore par quelle épreuve,
    Il est embêté,
Mais i' pleur' bien plus qu'un' veuve !
    Qué cochon d'été ! (*Bis*)

J' m'achèt', m' garant d'l'eau qui mouille,
    L' matin, su' l' trottoir,
Un pépin qu' comme une andouille,

J' manq' pas d' perd' le soir.
D' puis trois mois, dans les brass'ries,
　Comme un hébété,
J'ai laissé trent' parapluies !
　Qué cochon d'été ! (*Bis*)

On peut p'us, à la campagne,
　Au fond des bois verts,
Aller voir, près d' sa compagne,
　La feuille à l'envers.
On peut p'us prendr' pour banquette
　L' gazon tout crotté,
Sans se mouiller la jaquette !
　Qué cochon d'été ! (*Bis*)

D' l' hiver r'mettant les costumes,
　Faut s'emmitoufler.
L' rossignol, secouant ses plumes,
　Oubli' d' roucouler.
Qnand j'entends l' mois d'août qui vente,
　Moi, ça m' fait péter :
Je m' tiens lieu d'oiseau qui chante !
　Qué cochon d'été ! (*Bis*)

5 août 1888.

LA DÉBACLE

VIII

Les étoiles boulangistes.

Air : *Encore une étoile qui file !* (Béranger.)

A EDMOND LEPELLETIER.

Boulanger, hélas ! tes étoiles,
Tour à tour, désertent les cieux.
Sur elles étendant ses voiles,
Le malheur les cache à tes yeux.
Sur la nuit, leur départ profile
Un rapide et lumineux trait.
Encore une étoile qui file,
Qui file, file et disparaît !

Un ami, chaque jour, te lâche,
A ta barbe de faux Salis.
Prudent, voyant que ça se gâche,
Un matin, s'enfuit Portalis.
Il te quitte, gaillard habile,
En nous débinant ton secret.
Encore une étoile qui file,
Qui file, file et disparaît !

Puis, Floquet-vive-la-Pologne
Te fait une blessure au cou.

Voyant ça, Mayer-de-Cologne
Te plaque, précédent Lalou;
Pendant que Scholl, au loin, défile
Ainsi qu'un cerf dans la forêt.
Encore une étoile qui file,
Qui file, file et disparaît !

Vieille courtisane inconstante,
La foule, autour de tes landaus,
Ne vient plus rouler, mer montante,
Ses vagues, faites de badauds.
Le camelot, de par la ville,
Ne veut plus vendre ton portrait.
Encore une étoile qui file,
Qui file, file et disparaît !

Tes boniments de saltimbanque
Ne prennent plus sur les gogos.
Adieu les trésors de la banque
Et l'or, aboulant par lingots !
Où sont les beaux billets de mille
Dont la finance te bourrait ?...
Encore une étoile qui file,
Qui file, file et disparaît !

6 août 1868.

BEBER

Air : *Albert! Albert!*

AU BARON BARBIER.

> « Si M. Boulanger n'est pas élu, il se retirera tout de suite dans l'île de Beber, un rocher breton qui appartient au comte Dillon. »
> (Les journaux.)

Boulanger, en cas d' blackboulage,
S'en ira pleurer son échec
Dans un endroit, loin du rivage,
Et qu'on n' peut gagner à pied sec.
Singeant l'îl' d'Elbe et Saint-Hélène,
C' Napoléon d' simili-fer
Ira s' consoler d' sa déveine
Sur un rocher app'lé Beber.

    Beber! Beber!
Est une île en plein' mer,
Un roc du gouffre amer,
Un p'tit rocher breton.
    Beber! Beber!
Est une île en plein' mer,
Un p'tit rocher breton
A monsieur l' comt' Dillon !

Là, sur le sol nu, rien ne pousse ;
On n'y trouv' ni foin, ni gibier.
Boulanger, tout seul sur la mousse,
Y culott'ra des pip's Gambier.
Mais le Mangin d' la ru' de Sèze,
Regrettant les beaux jours passés,
Pourra boulotter à son aise,
Tous les lapins qu'il a posés.

    Beber ! Beber !
  Est une île en plein' mer,
  Un roc du gouffre amer,
  Un p'tit rocher breton.
    Beber ! Beber !
  Est une île en plein' mer,
  Un p'tit rocher breton
  A monsieur l' comt' Dillon !

Si cet aventurier vulgaire
Succombe, avant d'être empereur,
Sur son tombeau, maître Laguerre
Tiendra lieu de saule pleureur ;
Et si le peupl' l'en tir' de force,
A c'te copi' d' Napoléon,
Naquet, apôtre du divorce,
Servira d' dôm' du Panthéon.

    Beber ! Beber !
  Est une île en plein' mer,

Un roc du gouffre amer,
Un p'tit rocher breton.
Beber ! Beber !
Est une île en plein' mer.
Un p'tit rocher breton
A monsieur l' comt' Dillon!

7 août 1888.

LA CHANSON DE LA GRÈVE

Air : C'est la poire !

A LÉOPOLD DAUPHIN.

Effrontés marchands de nègres,
Bourgeois exploiteurs, patrons,
Qui faites nos ventres maigres
Pour que les vôtres soient ronds,
Nous vous chanterons sans trêve,
A la barbe du sergot,
    Oh ! oh ! oh ! oh !
C'est la grèv', la grèv', la grève !
C'est la grève qu'il nous faut !

Nous qui trimons sans relâche,
Ainsi que des animaux,
Sans gagner, à notre tâche,
De quoi nourrir les marmots ;
Nous qui n'avons que la fève,
Quand d'autres ont le gâteau,
    Oh ! oh ! oh ! oh !
C'est la grèv' la grèv', la grève !
C'est la grève qu'il nous faut !

Au nez des capitalistes,
Jetant nos outils brisés,
Déclarons, socialistes,
La guerre des bras croisés.
Que la montagne, à la grève,
Réponde, comme un écho :
    Oh ! oh ! oh ! oh !
C'est la grèv', la grèv', la grève !
C'est la grève qu'il nous faut !

Déshérités de la plaine
Et de la rue, halte-là !
Esclaves, la coupe est pleine ;
Sur la terre brisons-la !
Qu'un seul cri partout s'élève,
De la ville ou du coteau :
    Oh ! oh ! oh ! oh !
C'est la grèv', la grèv', la grève !
C'est la grèv' qu'il nous faut !

    8 août 1888.

CHANT DE GUERRE DES SERGOTS

Air : *Le Midi bouge !*

A MAXIME LISBONNE.

En avant les sergots !
Mieux qu'avec des flingots, } Bis.
  Chargeons la foule !
Dans tout Paris à seaux,
  Que le sang coule
A même les ruisseaux !

  Cognons !
Le drapeau bouge,
Noir et rouge !
  Cognons !
Rangés en rangs d'ognons !

La Marianne est là !
Frappons-la, saignons-la ! } Bis.
  Sus aux femelles,
Aux enfants en maillots !
  Gare aux mamelles,
Aux ventres, aux boyaux !

  Cognons !
Le drapeau bouge,

Noir et rouge !
Cognons !
Rangés en rangs d'ognons !

Tapons, à qui mieux mieux } Bis.
Sur les jeunes, les vieux.
Saignons la bande,
Sans entendre et sans voir :
Le peuple est viande,
La rue est échaudoir !

Cognons !
Le drapeau bouge,
Noir et rouge !
Cognons !
Rangés en rangs d'ognons !

10 août 1888.

LES CONSEILS DE GAVROCHE

Air : *Madelinette a le pied petiton.* (Chanson militaire)

A FÉLICIA MALLET.

Hier, dans la rue, en passant, j'ai heurté (*bis.*)
Une fillette à l'air très embêté. (*bis.*)
   — Bonjour, mademoiselle !
   Pourquoi c't'air en courroux ?
   Vous êt's triste, ma belle ;
   Quel chagrin avez-vous ?

— Hélas ! monsieur, si j'ai l'air si grognon, (*bis.*)
C'est que papa vient d' me flanquer un gnon. (*bis.*)
   — Vot' papa, mad'moiselle,
   Vous a flanqué des coups.
   Croyez-moi, ma tout' belle,
   Il faut rentrer chez vous.

— Non monsieur je n' veux pas rentrer chez moi. (*bis*).
J' m'en vais m' loger à l'Hôtel Saint-Eloi. (*bis.*)
   — Hélas ! mademoiselle !
   Les chambr's coût'nt quarant' sous.
   Votre loyer, ma belle,
   Comment le pay'rez-vous ?

— Je saurai bien payer mes frais d' séjour; (*bis.*)
Dans mon métier je gagn' trent' sous par jour. (*bis.*)
  — Hélas ! mademoiselle !
  Comment joindr' les deux bouts ?
  Et le surplus, ma belle,
  Où le trouverez-vous ?

— Je ferai comm' mes compagn's d'atelier : (*bis.*)
Par des messieurs je m' ferai tout payer. (*bis.*)
  — Hélas ! mademoiselle !
  J'en ai l' cœur sens d'ssus d'ssous.
  Croyez-moi, ma tout' belle,
  Les homm' se moqu'ront d' vous.

— Les diamants me serviront d' joujoux ; (*bis.*)
J'aurai des montr's, des brac'lets, des bijoux. (*bis.*)
  — Un jour, mademoiselle,
  Vous n'aurez plus un sou ;
  Et vos bijoux, ma belle,
  Faudra les mettre au clou.

— Je mangerai des menus d' chez Potel. (*bis.*)
— Je d'viendrai propriétair' d'un hôtel. (*bis.*)
  — D' votre hôtel, mad'moiselle,
  Je n' donn'rais pas six sous,
  L'amour, ma toute belle,
  Est un trésor plus doux.

— Monsieur Gavroche, oui, vous avez raison : (*bis.*)
Je vais tout d' suit' rentrer à la maison. (*bis.*)
 — Au r'voir, mademoiselle ;
 Honnêt', rentrez chez vous,
 Votre vie sera belle :
 Vous trouv'rez un époux.

12 août 1886.

BOULANGER ET L'ALLEMAGNE

Air : *Prenez garde!* (La Dame blanche.)

A ANTOINE, DÉPUTÉ DE METZ.

« La Chambre, qui n'a rien fait, et qui n'a même pas su mettre en état de défense nos ports les mieux situés pour résister à une attaque, gaspille des centaines de millions en entreprises inutiles et suspectes. »
(Paroles de M. Boulanger aux électeurs de la Charente-Inférieure.)

M. BOULANGER

Moutons ignorants de la foudre,
Electeurs, auxquels les journaux
Montrent le pays plein de poudre,
De combattants et d'arsenaux,
La défaite est là-bas, guettant,
Implacable, elle vous attend !

LA FRANCE, *à M. Boulanger.*

Prenez garde ! (*bis*)
Votre langue est par trop bavarde !
Monsieur de Bismarck vous regarde !
Monsieur de Moltke vous entend !
Prenez garde ! (*bis*)
Car l'Allemagne vous entend !

M. BOULANGER

On a dégarni nos frontières ;
Faisant les choses à demi,
On prépare ainsi des litières
Pour les chevaux de l'ennemi.
Crois-moi, crédule combattant,
La déroute affreuse t'attend !

LA FRANCE, à *M. Boulanger.*

Prenez garde ! (*bis*)
Votre langue est par trop bavarde !
Monsieur de Bismarck vous regarde !
Monsieur de Moltke vous entend !
Prenez garde ! (*bis*)
Car l'Allemagne vous entend !

M. BOULANGER

Alerte ! tous les patriotes !
Nos ports, désarmés, sont ouverts ?
Sous le choc des boulets, nos flottes
S'engloutiront dans les flots verts !
Matelot, humble combattant,
Le gouffre insondable t'attend !

LA FRANCE, à *M. Boulanger.*

Prenez garde ! (*bis*)
Votre langue est par trop bavarde !
Monsieur de Bismarck vous regarde !

Monsieur de Moltke vous entend !
Prenez garde ! (*bis*)
Car l'Allemagne vous entend !

M. BOULANGER

Plus de régiments ! Plus d'escadres ?
Plus de soldats, de matelots !
On a dérangé tous les cadres,
Sur terre, comme sur les flots,
La France entière, combattant,
Serait battue en un instant !

LA FRANCE, *à M. Boulanger.*

Prenez garde ! (*bis*)
Votre langue est par trop bavarde !
Monsieur de Bismarck vous regarde !
Monsieur de Moltke vous entend !
Prenez garde ! (*bis*)
Car l'Allemagne vous entend !

15 août 1888.

BÉBÉ AU BAZAR

Air : *Mon p'tit n'veu* (Darcier.)

A ALEXIS BOUVIER.

> « Nous apprenons, en outre, d'où vient l'argent. Il vient de partout. Il y a des gens qui envoient 1,000 francs, d'autres 2 sous. Le général reçoit tout sans regarder. »
> (Henry Maret, *Radical* d'hier.)

Avec Bébé, l'autre dimanche,
Au bazar nous étions allés.
L'enfant, de sa menotte blanche,
Montrait les trésors étalés.
Sa prunelle douce, occupée
A contempler tous les jouets,
Errait de la toupie aux fouets
Et du cheval à la poupée.

— Allons, petit, ton oncle est là :
Fouille, choisis dans tout cela !
Prends tout c'qui te plaira !
Mais Bébé, qui tout bas soupire,
　M' dit : — Dans tout ça.
　Non, dans tout ça,
Je n'vois pas c' que j'désire !

— Veux-tu jouer à la toupie.
A la corde, ou bien au sabot ?...
Préfères-tu ce cheval pie ?...
Vois ce ballon, comme il est beau !...
Souffle un peu dans cette trompette ;
Voyons, tape sur ce tambour !...
Afin de jouer dans la cour,
De billes veux-tu faire emplette ?...

— Allons, petit, ton oncle est là ;
Fouille, choisis, dans tout cela !
 Prends tout c'qui te plaira !
Mais Bébé, qui tout bas soupire,
  M'dit : — Dans tout ça,
   Non, dans tout ça,
 Je n' vois pas c'que j'désire !

— Serais-tu d'humeur batailleuse ?...
Alors, prends ces soldats de plomb :
La couleur en est merveilleuse ;
Sur leurs pieds ils tiennent d'aplomb.
Tu dédaignes les dés à coudre
Des fillettes sans pantalon.
Achetant ce petit canon,
Tu veux faire parler la poudre ?...

— Allons, petit, ton oncle est là ;
Fouille, choisis dans tout cela !
 Prends tout c'qui te plaira !

Mais Bébé, qui, tout bas soupire,
   M' dit : — Dans tout ça,
   Non, dans tout ça,
Je n'vois pas c'que j'désire !

Pour le coup, j'y perdais la tête :
Quand Bébé me dit : — Si tu veux
Que, pour moi, ça soit jour de fête,
Oncle, tu peux combler mes vœux.
Mon bonheur serait sans mélange,
Si tu voulais, bon oncle Jean,
Me permettr' d'amasser d'l'argent
Pour l'envoyer au brav' Boulange !

Oui, mon seul rêve, le voilà !
Tu me dis que, dans tout cela,
   J'peux prendr' ce qui m' plaira,
Ce que, tout bas, mon cœur désire ?...
      Eh bien, de tout ça,
      Oui, de tout ça,
   Je ne veux qu' cett' tir'lire

23 août 1888.

LES BOULANGISSES

Air : *Les Opportunisses et les Intransigeants.*

A ERNEST GERNY.

On nous ras' par trop avec les mots en *isses;*
Fumiss's, anarchiss's, monarchiss's, boulangisses.
Blancs, rouges ou bleus, modérés, radicaux,
Un' fois au pouvoir, c'est kif-kif-bourrico.

Qui qui chang' d'idée un' fois qu'i' sont minisses?...
Ah! mes bons messieurs, c'est les opportunisses.
Si les boulangiss's avaient l' gouvernement,
Soyez convaincus qu'i' chang'raient tout autant.

Qui qui mang' tout l' temps des truff's, des écrevisses?...
Ah! mes bons messieurs, c'est les opportunisses.
Si les boulangiss's avaient l' gouvernement,
Soyez convaincus qu'i's bouff'raient tout autant.

Qui qui s'moqu' pas mal que l' pauv' peuple maigrisse?...
Ah! mes bons messieurs, c'est les opportunisses.
Si les boulangiss's avaient l' gouvernement,
Soyez convaincus qu'i' s'en fich'raient autant.

A ses protégés, qui qui rend des services?...
Ah! mes bons messieurs, c'est les opportunisses.

Si les boulangiss's avaient l' gouvernement,
Soyez convaincus qu'i's en f'raient tout autant.

Qui qui colonise au Tonkin, à Tunisse?...
Ah! mes bons messieurs, c'est les opportunisses.
Si les boulangiss's avaient l' gouvernement,
I's iraient coloniser au Turkestan.

Qui qui nous promet plus d'beurr' que d' pain d'épices?...
Ah! mes bons messieurs, c'est les opportunisses.
Si les boulangiss's avaient l' gouvernement,
De leurs bell's promess's i's moqu'raient tout autant.

Qui qu'entretient des cascadeus's, des actrices?...
Ah! mes bons messieurs, c'est les opportunisses.
Si les boulangiss's avaient l' gouvernement,
A des p'tit's dam's i's r'fil'raient tout notre argent.

Qui qui graiss' la patte à certains journalisses?...
Ah! mes bons messieurs, c'est les opportunisses.
Si les boulangiss's avaient l' gouvernement,
Soyez sûrs qu'i's emploi'raient l' même argument.

Qui qui se cramponne à ses sièg's de minisses?...
Ah! mes bons messieurs, c'est les opportunisses.
Si les boulangiss's avaient l' gouvernement,
Soyez convaincus qu'i's cramponn'raient autant.

Qui qui fait cogner sur tous les boulangisses?
Ah! mes bons messieurs, c'est les opportunisses.

Si le boulangisme avait l' gouvernement,
Sur l'opportunisme i' cogn'rait tout autant.

Qui qui traîne ses amis d'vant la justice?...
Ah! mes bons messieurs, c'est les opportunisses.
Si les boulangiss's avaient l' gouvernement,
Tous ceuss' qui les gên'nt i's les f'raient fich' dedans.

Bref, à c't' époqu'-ci, si les affair's pâtissent,
C'est à cause de tous ces tas d' noms en *isse*.
Au lieu d' travailler, tant qu'on politiqu'ra,
Dans not' beau pays, ça s'ra toujours comm' ça.

25 août 1888.

MONSIEUR CRISPI

A NOS FRÈRES D'ITALIE.

Roquet de la niche allemande,
Le petit Crispino Crispi,
Sans crainte de la réprimande,
Nous asperge de son pipi.
Léchant son maître qui le flatte,
Ce minuscule sacripant
Sur la France lève la patte :
Monsieur Crispi devient crispant.

Pauvre mouche prise en la toile
Du puissant chancelier de fer,
Croyant à sa future étoile,
Crispi fait un potin d'enfer.
Sans voir que l'araignée est proche
Et guigne, sur le mur grimpant,
Il croit faire marcher le coche :
Monsieur Crispi devient crispant.

Moucheron sournois et fugace,
Au petit dard toujours dispos,
Il nous énerve, nous agace,
Empoisonnant notre repos.

Sur notre face il se démène,
Pique sa flèche ou la suspend,
Marche, court, vole ou se promène :
Monsieur Crispi devient crispant.

Petit instrument misérable
Aux mains d'un rude ciseleur,
Il tranche du considérable
Et croit à sa propre valeur.
Disciple posant à l'apôtre,
Il fait la roue, ainsi qu'un paon,
Arborant les couleurs d'un autre :
Monsieur Crispi devient crispant.

Valet de Bismarck, prenez garde !
L'amour d'un maître est inconstant.
Dame l'Europe vous regarde !
Dame l'Europe vous entend !
Le lion se réveille et gronde
Sous la piqûre du serpent ;
Partout, l'on murmure, à la ronde :
Monsieur Crispi devient crispant !

27 août 1888.

LA CARMAGNOLE DES CAMELOTS

Air de : *La Carmagnole.*

A PAUL LORDON.

Camelots, crieurs de journaux (*bis.*)
Afin d'emplir, chaque jour, nos (*bis*)
   Ventres, faut nous ranger
   Autour de Boulanger :
   Partout, sur son étole,
     Vive le son ! (*bis.*)
   Coule l'or du Pactole,
     Vive le son
      Du pognon !

Dansons la *Carmagnole !*
   Vive le son ! (*bis.*)
Dansons la *Carmagnole !*
   Vive le son
    Du pognon !

Les petits métiers sont pourris. (*bis.*)
Lâchons l'article de Paris. (*bis.*)
   Pantin ambitieux,
   Boulanger se vend mieux.
   Pour voiturer l'idole,
     Vive le son ! (*bis.*)

Tirons sur la brico'e!
 Vive le son
  Du pognon!

Dansons la *Carmagnole!*
 Vive le son! (*bis.*)
Dansons la *Carmagnole!*
 Vive le son
  Du pognon!

Les valets, comme le patron, (*bis.*)
Tout ça s'empiffre et devient rond. (*bis.*)
 Nous aurons, c'est certain,
 Les reliefs du festin.
 Portons au Capitole,
  Vive le son! (*bis.*)
 Le César de Chincholle!
  Vive le son
   Du pognon!

Dansons la *Carmagnole!*
 Vive le son! (*bis.*)
Dansons la *Carmagnole!*
 Vive le son
  Du pognon!

A l'Est, à l'Ouest, au Sud, au Nord, (*bis.*)
Exhibons-le, comme un ténor. (*bis.*)
 Français, faut vous ranger
 Quand passe Boulanger!

Et faut pas qu'on rigole !
Vive le son ! (bis.)
Ou, gare ! on dégringole !
Vive le son
Du pognon !

Dansons la *Carmagnole* !
Vive le son ! (bis.)
Dansons la *Carmagnole* !
Vive le son
Du pognon !

3o août 1888.

SOUS LA TOUR EIFFEL

Air de . *L'Ami soleil*. (Darcier).

A EIFFEL.

> J'ai visité la tour énorme,
> Le mât de fer aux durs agrès,
> Inachevé, confus, difforme :
> Le monstre est hideux, vu de près.
> (François Coppée, *Sur la Tour Eiffel*).

N'en déplaise à François Coppée,
Le « mât confus, inachevé »
Dont sa Muse s'est occupée,
Est superbe, vu du pavé !

Énorme, il ne tire son style
Que de sa seule énormité.
C'est dans son air de brute hostile
Qu'est précisément sa beauté.

Poète, cette Tour immense
Qu'au Champ-de-Mars Eiffel planta,
C'est un art nouveau qui commence ;
Oui, ce « monstre », c'est le grand A

Ouvrant l'alphabet du langage
Que, lorsque les temps seront mûrs,

Tiendront, aux hommes d'un autre âge,
Tous les architectes futurs.

Sous ses arcades colossales,
J'aperçois des villes de fer
Forgeant des gares et des halles
Au foyer même de l'Enfer ;

Villes on ne sait d'où venues,
Construites d'acier lumineux ;
Villes de fonte où, dans les nues,
Courent des ponts vertigineux.

Oui, cette tour à rude écorce,
Arc-de-triomphe industriel,
Couvient à notre temps de force,
Où Vulcain détrône Ariel.

Je vois passer, sous sa grande arche,
Malgré poètes et railleurs,
Un beau fleuve toujours en marche,
Le beau fleuve des travailleurs.

Aux pieds du géant qui s'effile,
Entre les quatre piédestaux,
Une armée immense défile,
Sonore, au rhythme des marteaux.

Sous la porte, du Ciel voisine,
Passe le Travail tout entier,

Tous les vétérans de l'Usine
Et tous les conscrits du Chantier.

Oui, c'est magnifique, ce phare
Dominant l'Océan Paris.
Poète, ce « mât » qui t'effare
Me charme — et c'est pourquoi je ris.

Lorsqu'aux pieds du colosse rouge,
Minuscule, je vois le « tout
Petit épicier de Montrouge »
Faire pipi comme un toutou !

N'en déplaise à François Coppée,
Le « mât confus, inachevé »,
Dont sa Muse s'est occupée,
Est superbe, vu du pavé !

31 août 1888.

L'ASILE

Air de : *L'Hôtesse* (Fragerolle).

A HENRI RIVIÈRE.

Dans le chef-lieu banal et terne
Où les yeux manquent d'horizon,
Aux environs de la caserne,
De l'hospice ou de la prison,
Effrayant le rire et l'idylle,
Sous le ciel morne, se profile
Une inquiétante maison :
      L'Asile.

Là, des fous, détenus farouches,
Se promènent, les yeux ardents ;
Là, des poings se crispent, des bouches
Écument ou grincent des dents ;
Là, plus d'un génie indocile
Est mort, dans la foule imbécile :
Que de martyrs enfermés dans
      L'Asile !

C'est l'antre de la vigilance ;
Les murs ont des airs de bourreaux ;

Sur les toits veille le silence ;
La terreur guette aux soupiraux.
Pour ligotter le mal débile,
La Force sait s'y faire habile :
Il a des gardiens, des barreaux,
   L'Asile.

Passant toutes à tire-d'ailes,
Peureuses et rasant le sol,
Sur la route, les hirondelles,
Vers d'autres cieux prennent leur vol.
Nul chant dans le jardin tranquille ;
L'alouette, tout là-haut, file.
Il fait taire le rossignol,
   L'Asile.

Parfois, quand l'ouragan fait rage,
Quand la foudre vient à crouler,
L'été, pendant les nuits d'orage,
Les fous se mettent à gueuler.
Craignant quelque guerre civile,
En sursaut, les gens de la ville
S'éveillent, entendant hurler
   L'Asile.

Voilà pourquoi, tous les dimanches,
Les filles pâles du couvent
Et les sœurs en cornettes blanches,
Pensives, s'arrêtent souvent,

Et, graves, toutes à la file,
Avec le geste de Bazile,
Se signent, en passant devant
L'Asile.

1er septembre 1888.

LE COUCHER DU SOLEIL

Air : *Combien j'ai douce souvenance.* (Châteaubriand.)

A ARTHUR TAIRE.

De rubis ourlant les nuages,
Là-bas, là-bas, loin des rivages,
Dédaigneux du monde indécent
    Des plages,
Dans la mer, l'astre incandescent
    Descend.

De la terre on le voit qui bouge.
Il se laisse tomber, tout rouge.
Pour boire son sang, l'Océan,
    Sa gouge,
L'attire en son gosier géant,
    Béant.

C'est fini ; l'eau vient de le prendre.
L'embrasement se fait plus tendre.
Comme des charbons cachés sous
    La cendre,
Les nuages ont des tons roux,
    Très doux.

Se chargeant comme une palette,
Et rose, et bleue et violette,
La vase, miroir transparent,
   Reflète
Les feux de l'astre indifférent,
   Mourant.

L'ombre enveloppe toute chose ;
Seule, sur l'Océan morose,
Une voile, là-bas, se teint
   De rose.
Puis le couchant, flambeau lointain,
   S'éteint.

Et maintenant c'est la nuit noire,
Les baigneurs, monde bassinoire,
Faisant, bien que bas de plafonds,
   Leur poire ;
Les cocottes et leurs griffons
   Bouffons.

La plage est pleine d'imbéciles,
Du Casino moutons dociles :
Vieux ramollis, jeunes aux troncs
   Fossiles ;
Après les roses, les étrons.
   — Rentrons !

Fouras, 2 septembre 1888.

LA VASE

Air de : La Terre.

A EDGARD BÉRIBLON.

Le revers du flot puissant,
C'est la vase.
Quand la mer baisse, laissant
De la vase,
Les femmes, loin des coteaux,
Sur la vase,
S'en vont pêcher, sans bateaux,
Dans la vase.

Au loin, les marins, surpris
Par la vase,
Attendent, voyageurs pris
Dans la vase.
Les voiles, sans nautoniers,
Sur la vase,
Tremblent, oiseaux prisonniers
De la vase.

Cauchemar quittant la mer
Pour la vase,
Jetés par le gouffre amer
A la vase,

Des monstres, êtres sans noms,
    Dans la vase,
Font peur aux maigres ânons
    Sur la vase.

Là-bas, patineurs nabots
    De la vase,
Glissant comme des rabots
    Sur la vase,
Les *pousse-pieds*, aux mollets
    Pleins de vase,
Vont retirer leurs filets
    Dans la vase.

Les humbles, les sans-le-sou,
    Sur la vase,
Visitent le moindre trou,
    De la vase.
Cherchez, cherchez, pauvres gens,
    Dans la vase :
Le trésor des indigents,
    C'est la vase.

Fouras, 5 septembre 1888

LA FALAISE ET LA PLAGE

A LAURE MARTIN-CHAUFAN.

Tas d'abrutis, stupides foules,
Pauvre gibier de casinos,
Qui mêlez aux chansons des houles
Les valses de vos pianos,
Ils sont bien pâles, vos rivages
Avec tous leurs mâts pavoisés.
La falaise plaît aux sauvages :
La plage est aux apprivoisés.

La falaise, haute d'allure,
Brave les coups de l'Océan.
La plage a de la chapelure
Où s'enfonce notre séant.
La mer indifférente y lèche
Les pieds sales des citadins.
La falaise au flot est revêche :
La plage aime les vents badins.

La falaise aime la tempête
Et l'écume, rude encensoir.
La plage, au promeneur qui pète,
Sert de paisible déversoir.

Les gens, à des cocottes vagues,
Jettent leurs mouchoirs de pachas.
La falaise appelle les vagues :
La plage attire les crachats.

La falaise, statue énorme,
Aux mains de l'ouragan sculpteur,
Change de couleur et de forme,
De pittoresque et de hauteur.
Sa beauté large et plus qu'humaine
Grandit de tous les coups reçus.
La falaise, je m'y promène :
La plage, je m'assecis dessus.

Fouras, 6 septembre 1883.

LA CHANSON DU POUSSE-PIED

Air : *Le Rêve du paysan.* (Pierre Dupont.)

A GEORGE COUTAN.

Maigre et souple, fendant l'espace,
Bien loin du sable et des galets,
Le pousse-pied, au lointain, passe
Et patine vers ses filets.
Penché sur son bateau sans proue,
Jusqu'à la cuisse enseveli,
Rapide, il glisse sur la boue,
Comme un rabot sur l'établi.

Pousse ! va, pêcheur, pousse !
Des doigts, de la plante et du pouce !
Sur une jambe agenouillé,
Va, pousse, comme un estropié,
De l'autre pied ! (*Bis.*)

Il file sur la vase lisse
Et brillante comme un vitrail ;
A sa barque il tient lieu d'hélice,
De mâture et de gouvernail.
Il file, batelier sans toile,
Loin de la plage et loin du flot.

Le vent gonfle, comme une voile,
Son pauvre habit de matelot.

Pousse ! va pêcheur, pousse !
Des doigts, de la plante et du pouce !
Sur une jambe agenouillé,
Va, pousse comme un estropié,
 De l'autre pied ! (*Bis.*)

Quand il a trouvé bonne pêche,
Le pousse-pied revient joyeux ;
Sa jambe unique se dépêche ;
L'allégresse brille en ses yeux.
Mais, lorsque le poisson est rare,
Contre ses filets maugréant,
Il insulte la vase avare,
Le vent, le ciel et l'Océan.

Pousse ! va, pêcheur, pousse !
Tes petits suceront leur pouce !
Sur une jambe agenouillé,
Va, pousse, comme un estropié,
 De l'autre pied ! (*Bis*).

Fouras, 8 septembre 1888.

L'INFAME A BARBE

Air de : *La Femme à barbe.*

A PIGRON.

Gogos, filous et déclassés,
Rangez-vous autour de ma poire.
Par les ch'mins qu' Badingue a tracés,
Allons prendre d'assaut l'histoire.
Parjur's, mensong's, et cœtera,
Pour arriver rien n' m'arrêt'ra
Et s'il faut que l' sang du peupl' coule,
Je ferai tirer sur la foule.

Pour mettre les naïfs dedans,
J' dégot' les arracheurs de dents,
Les marchands de casse et d' rhubarbe :
C'est moi qui suis l'infâme à barbe ! *(bis)*

Soutenez-moi, les d'Orléans ;
Ancien flatteur du duc d'Aumale,
Aux républicains malséants,
Pour Nouméa j' f'rais fair' leur malle.
Sur mon nom faites des paris ;
Partisans du comt' de Paris ;
Au but que j' poursuis si j'arrive..
J' vous envoie à Tananarive.

Pour mettre les naïfs dedans,
J' dégot' les arracheurs de dents,
Les marchands de casse et d' rhubarbe :
C'est moi qui suis l'infâme à barbe ! *(bis)*

Fiers légitimistes, blancs d'Eu,
Pour faire une royale om'lette
J' fricass'rai les enn'mis de Dieu,
Avec l'eau d' Lourd's et d' la Salette.
Dans mon entreprise, aidez-moi ;
Je rétablirai le vrai roi...
Et c' vrai roi, buses que vous êtes,
C'est moi, qui rigol'rai d' vos têtes.

Pour mettre les naïfs dedans,
J' dégot' les arracheurs de dents,
Les marchands de casse et d' rhubarbe :
C'est moi qui suis l'infâme à barbe ! *(bis)*

Jérômistes et Victoriens
Qui soupirez après l'Empire,
De l' rétablir j'ai les moyens :
Sus à la Républiqu'-vampire !
Pour les combattr', faut vous ranger,
Autour du sauveur Boulanger.
Quand nous l'aurons foutu' par terre,...
J' vous enverrai tous fair' lanlaire !

Pour mettre les naïfs dedans,
J' dégot' les arracheurs de dents,

Les marchands de casse et d' rhubarbe :
C'est moi qui suis l'infâme à barbe ! (*bis*)

Et vous, malheureux travailleurs,
Pauvres ouvriers qu'on exploite,
Qui rêvez des destins meilleurs,
J'ai pour vous l' bonheur dans un' boîte.
Tous ensemble nous combattrons,
Afin d' supprimer les patrons ;
Et quand nous aurons la victoire...
Dans votr' sang mon ch'val viendra boire.

Pour mettre les naïfs dedans,
J' dégot' les arracheurs de dents,
Les marchands de casse et d' rhubarbe :
C'est moi qui suis l'infâme à barbe ! (*bis*)

15 septembre 1888.

AU FOND DU BOIS SILENCIEUX

MÉSAVENTURES D'UNE GRISETTE PARISIENNE

A ÉLÉONORE BONNAIRE.

L'aut' dimanch', montés sur des ânes,
Nous trottinions sous les platanes,
Au fond du bois silencieux.
Tout à coup, pour fair' des épates,
V'là ma montur' qui s' tir' des pattes,
Au fond du bois silencieux.
Ma position était critique ;
La peur me donnait la colique,
Au fond du bois silencieux.
Soudain, sur un tas d'herbes molles,
J' m'étale, en montrant mes guibolles,
Au fond du bois silencieux.

Un jeune homm', qui m'avait suivie,
Me crie : « Et's-vous encore en vie,
Au fond du bois silencieux ? »
Pour me r'lever i' s' précipite,
Puis à me prom'ner il m'invite,
Au fond du bois silencieux.
Pour me remettr' de cett' secousse,
Nous nous promenons sur la mousse,
Au fond du bois silencieux.
Près d'un buisson, le Lovelace

S'arrête et doucement m'enlace,
Au fond du bois silencieux.

Prenant des p'tit's min's stupéfaites,
J' lui dis : « Monsieur, qu'est-c' que vous faites
Au fond du bois silencieux ? »
I' m' répond : « Si j' vous offr' mon aile,
C'est pour qu' vous n' tombiez pas, mam'selle
Au fond du bois silencieux. »
A ses avances, je résiste ;
Le galant pour m'emm'ner insiste,
Au fond du bois silencieux.
Affrontant l'ortie et la ronce,
L'effronté d' plus en plus s'enfonce,
Au fond du bois silencieux.

Voyant qu'il se pay' ma figure,
Je lui colle un pain sur la hure,
Au fond du bois silencieux.
Soudain contre un caillou je bute
Et su' l' nez je fais la culbute,
Au fond du bois silencieux.
Le galant, de ma chut' s'accuse.
De sa maladresse il s'excuse
Au fond du bois silencieux.
Bref, i' m' conduisit devant l' maire
Et, neuf mois après, j'étais mère,
Au fond du bois silencieux.

16 septembre 1888.

ZOLA ET SARDOU

A ÉMILE ZOLA.

Et puis quel est le bagage académique de M. Zola? Des œuvres absolument inconvenantes.
(Victorien Sardou.)

Méchant âne, en t'écoutant braire
　　Après Zola,
Indigné, Paris littéraire
　　Crie : « Oh! la, la! »
Sur toi la main du ridicule
　　S'appesantit.
Ne touche pas à cet hercule,
　　Petit, petit.

Sardou, vends tes têtes de pipes,
　　Vends-les très cher.
Zola, pour nous, taille ses types
　　En pleine chair.
Pour les siècles, il les modèle
　　Et les bâtit.
Toi, tu sculptes dans la chandelle,
　　Petit, petit.

Il fait des mâles et des femmes
　　Forts et vivants.

Ses bonshommes, ayant des âmes,
Sont émouvants.
Leurs yeux brillent des étincelles
De l'Appétit.
Toi, tes pantins ont des ficelles,
Petit, petit.

D'une plume tranquille, il grave,
Sur de l'airain,
Son Œuvre où vit, joyeux et grave,
L'art souverain.
Calme, de bronze impérissable,
Il le sertit.
Toi, tu griffonnes sur le sable;
Petit, petit.

Qu'importe à Zola-tout-un-monde
Sardou-néant !
Que pèse un peu de bave immonde
Sur un géant ?
Dédaigneux, dans son ombre immense,
Il engloutit
Le pauvre roquet en démence,
Petit, petit.

17 septembre 1883.

OUS QU'EST BOULANGER?...

Air : *Le signe à Mam'sell' Bousquet.* (G. Serpette.)

A GASTON SERPETTE.

Après la « question du Bulgare »,
Voici la question Boulanger.
Où se trouve Ernest?... par quell' gare
Est-il parti pour voyager?...
Quel endroit au lion sert-il d'antre?...
Où se cache ce nouveau Jud?...
Où diable est sa retraite?... Au centre?...
A l'Est?... à l'Ouest?... au Nord?... au Sud?...

    Du grenier à la loge,
Dans Paris, tout l' mond' s'interroge.
    D'vant l' zinc du mastroquet,
    Chacun s' d'mande ousqu'est,
      Ousqu'est, ousqu'est
    L' général de Naquet?
Ousqu'est, ousqu'est, ousqu'est
    L' général de Naquet?...

Paris tout entier se transforme
En point d'interrogation.
Du disparu chacun s'informe,
Dans les ru's plein's d'animation.
D'vant Julien, les pâl's noctambules
Questionnent les gardiens d' la paix.

Les curieux, chez les somnambules
Se rend'nt, par bataillons épais.
   Oubliant la fourrière,
Les chiens errants s' parl'nt par derrière.
   Du terr' neuve au roquet,
   Chacun s' demande ousqu'est,
      Ousqu'est, ousqu'est
   L'général de Naquet?
Ousqu'est, ousqu'est, ousqu'est
   L'général de Naquet?...

Les p'tit's dam's que Prudhomm' réprouve,
Le soir, n'abord'nt plus les passants
Que pour leur demander où s' trouve
L'homme aux accroch's-cœurs agaçants.
Les sourds-muets, dans leur école,
Soupirant après Boulanger,
Retrouvent l'ouïe et la parole
Afin d' pouvoir s'interroger.

   Au bourreau d' la Roquette,
L' condamné dit : « Avant qu' ma tête
   Ne tomb' dans le baquet,
   J' voudrais savoir ousqu'est,
      Ousqu'est, ousqu'est
   L' général de Naquet?
Ousqu'est, ousqu'est, ousqu'est
   L' général de Naquet?...

   18 septembre 1888.

MONSIEUR FERROUILLAT

Air de : *Cadet-Rousselle*.

A FORAIN.

Ferrouillat, ministre ingénu, (bis)
Professe la terreur du nu. (bis)
Ainsi que Joseph le pudique,
Devant Putiphar il abdique.
    Ah ! ah ! C'est renversant !
Ce que Ferrouillat est décent !

Quand, le soir, il se met au lit, *(bis)*
Craignant de commettre un délit, bis
Pour ne pas voir son corps modèle,
Il souffle d'abord la chandelle.
    Ah ! ah ! C'est renversant !
Ce que Ferrouillat est décent !

Sombre, il furète, sur les quais, (bis)
Dans les bouquins effiloqués. (bis)
Il tremble devant les estampes
Et pleure sur les culs-de-lampes.
    Ah ! ah ! C'est renversant !
Ce que Ferrouillat est décent !

Innocent comme Calino (bis)
Aux jambes de son piano (bis)
Il a fait mettre une culotte,
Défendant que jamais on l'ôte.
Ah! ah! C'est renversant!
Ce que Ferrouillat est décent!

Un crâne chauve le fait choir : (bis)
Devant lui tirant son mouchoir, (bis)
Comme Tartufe, il crie : « Arrière!
Eloignez de moi ce derrière ! »
   Ah! ah! C'est renversant!
Ce que Ferrouillat est décent!

Il rougit d'un propos gaillard. (bis)
Chez lui quand il joue au billard, (bis)
Il blêmit, ses yeux s'effarouchent,
Lorsque les deux billes se touchent,
   Ah! ah! C'est reuversant!
Ce que Ferrouillat est décent!

29 septembre 1888.

LE GAS DE FOUILLY

Air du Sire de Framboisy.

A POL. PHARAON.

Pour voir Boulange, } Bis.
J'avais quitté Fouilly.

Mais, en voyage, } Bis.
Boulange était parti.

Dans les boutiques, } Bis.
J'ai r'gardé son portrait.

En pain d'épice, } Bis.
On nous montre ses traits.

On voit sa tête } Bis.
Au bout des pip's Gambier.

Dans les lieux même, } Bis.
On l' trouv' sur le papier.

En stéarine, } Bis.
Potin l'a fait sculpter.

L' bazar à treize
L' vend aux goss's épatés. } Bis.

On coll' sa tronche
Sur les morceaux d' savon. } Bis.

On l'ingurgite
Sous form' d'amer Picon. } Bis.

Il sert d'enseigne
Aux drogu's des pharmaciens. } Bis.

En zinc on l' montre
Fichant l' trac aux Prussiens. } Bis.

Dans sa bobine,
On jou' la boule au trou. } Bis.

Dans les œufs d' Pâques,
On le trouv' pour un sou. } Bis.

D'vant c't'avalanche
De Boulangers, j' m'ai dit : } Bis.

C'est pas un homme
C't un articl' de Paris. } Bis.

2 octobre 1888.

LE TOCSIN

Air : *Orléans, Beaugency.*

A. DALOU.

> Tu peux tuer cet homme avec tranquillité.
> (Victor Hugo, *Les Châtiments.*)

Orléans, Boulanger,
Complices de l'étranger,
Jérôme,
Jérôme !

Veulent en obliquant,
Changer la République en
Royaume,
Royaume !

L'œil au guet, citoyens !
Employons tous les moyens
Possibles,
Possibles !

Il faut être vainqueurs !
Ma foi, tant pis pour les cœurs
Sensibles,
Sensibles !

Agissons, sans phraser,
Car il s'agit d'écraser
  L'infâme,
  L'infâme !

De la poudre ! ou du fer !
Empruntons même à l'enfer
  La flamme,
  La flamme !

Oui ! tel est le devoir !
Car s'ils montaient au pouvoir,
  Ces drôles,
  Ces drôles !

Pâles, grinçant des dents,
Nous enverraient pourrir dans
  Les geôles,
  Les geôles !

Prenons garde au lacet !
Démocrates, la chasse est
  Ouverte,
  Ouverte !

Etouffons dans son nid
L'oiseau de proie ! Orsini,
  Alerte !
  Alerte !

Terrible, sous le ciel,
Il est grand temps que Louvel
    Surgisse,
    Surgisse !

Afin que, sans un cri,
L'homme de la Grange-Ory
    Périsse,
    Périsse !

Du serpent qui nous mord
Il faut que, seule, la mort
    Nous venge,
    Nous venge !

En avant, le tocsin !
Voici venir l'assassin
    Boulange,
    Boulange !

Le chacal aux yeux roux
Nous guette ! Le voyez-vous
    Qui bouge,
    Qui bouge !

Visons juste et puis, feu !
Il faut sauver, nom de Dieu !
    La rouge,
    La rouge !

6 octobre 1888.

LAGUERRE EST MALADE

Air : *Ah! zut ! alors, si ta sœur est malade!*

A GORIS.

« Le sieur J. Jouy insulte notre directeur, parce qu'il sait que notre ami, gravement indisposé, garde le lit depuis plusieurs jours. »
(*La Presse d'hier.*)

Il paraîtrait que notre ami Laguerre
A mal au ventre et qu'il garde le lit.
Son pied remue et l'autre ne va guère ;
Par la courante il a le front pâli.

Ah ! zut ? alors, si Laguerre est malade !
    Gai ! gai ! larirette et larira !
    Qui donc le guérira ?
Des lieux au pieu, sans cesse il se balade !
    Gai ! gai ! larirette et larira !
    Gare ! quand il se lèvera !

Quel coup fatal, hélas ! pour la Boulange,
S'il venait à rendre son âme à Dieu !
Naquet, Vergoin, pour prier son bon ange,
Vont chaque jour prier près de son pieu !

Ah ! zut ! alors, si Laguerre est malade !
    Etc., etc., etc.

Quand il vomit, Lalon lui tient la tête,
Et quand il fait, Dillon tient le Thomas.
Il pleure, il geint, comme un enfant qui tette.
Thiébaud, décent, voile ses eczémas.

   Ah ! zut ! alors, si Laguerre est malade !
         Etc., etc., etc.

C'est Duguyot, fameux vétérinaire,
Qui lui tient lieu d'unique médecin :
Chaque matin, il lui fourre un clystère,
Aidé par Deroulède et Michelin.

   Ah ! zut ! alors, si Laguerre est malade !
         Etc., etc., etc.

Faux de Morny d'un simili-Badingue,
Quand on l'attrape, il a peur pour sa peau.
Son poing crispé brandit une seringue
Et tout tremblant il s'asseoit sur le pot.

   Ah ! zut ! alors, si Laguerre est malade !
      Gai ! gai ! larirette et larira !
        Qui donc le guérira ?
Des lieux au pieu, sans cesse il se balade !
      Gai ! larirette et larira ! gai !
       Gare ! quand il se relèvera !

    11 octobre 1888.

LES REQUINS

A CIPRIANI.

> « Il est inutile de se faire illusion :
> Boulanger est un gredin ; il vise à la
> dictature, à la monarchie, à la ruine de
> la République. »
> (Amilcare Cipriani.)

Le vaisseau de la République
Penche, ayant une plaie au flanc.
Autour, la bande famélique
Des gros poissons nage en soufflant.
Tenons bon jusqu'aux prochains hâvres :
Tous à l'œuvre, républicains !
Voici les mangeurs de cadavres :
    Les requins !

Regardez-les : ils sont en nombre.
Tous, épiant notre trépas,
Attendent que le vaisseau sombre
Pour venir prendre leur repas.
Ce qu'ils veulent, c'est notre viande !
Pas de pitié pour les coquins !
Démocrates, gare à la bande
    Des requins !

Aux brigands guettant nos dépouilles,
Par la mort sans phrase on répond.
La seule riposte aux fripouilles,
C'est le poignard et le harpon.
Arrière ! cœur faible, ou bras veule !
Comme les nègres africains,
Allons, dans l'eau, fermer la gueule
      Aux requins !

12 octobre 1888.

L'IMPUISSANCE D'INSULTER

A ALBERT DUBRUJEAUD.

Au fond du bourbier politique,
Grouillent, dans les abjections,
Certains bravi tenant boutique
D'ignobles provocations.
De ces cabotins du courage,
Les ordures font exulter,
Et voilà d'où provient leur rage :
Ils ne peuvent pas insulter.

Ils gueulent, mais ils gueulent jaune,
Car ils croquent d'affreux marmots :
Nul journal ne leur fait l'aumône
De reproduire leurs gros mots.
Pour faire autour d'eux le silence,
On s'entend, sans se consulter.
Qu'importe leur lourde insolence ?
Ils ne peuvent pas insulter.

Pauvres eunuques de l'insulte,
Dans le vide ils montrent le poing.
Les amis, sans qu'on les consulte,
Vous disent : « Ne vous battez point.

Ils croient vous faire une blessure,
Bah ! passez sans vous arrêter,
Ignorant même la morsure :
Ils ne peuvent pas insulter. »

Gonflés par leur venin stérile,
Ils souffrent de poisons rentrés.
Leurs fronts qu'agrémente la bile
Pissent leurs courroux concentrés.
Partout, comme à travers un crible,
Leur pus impuissant vient juter :
Ils crèveront du mal terrible
De ne pas pouvoir insulter.

    13 octobre 1888.

LA RENTRÉE DES CHAMBRES

Air : *A, é, i, o, u.*

A DEVERTUS.

La Chambre, avec le Sénat,
E, i, a,
D' Floquet jusqu'à Boulanger,
A, i, é,
De Freppel à Clémenceau,
E, i, o,
Et d' Laguerre à Jul's Ferry,
A, é, i,
Au bercail sont revenus,
A, é, i, o, u.

Tout's les parlott's d'avocat,
E, i, a,
Dans le vid' vont r'commencer,
A, i, é,
Et l' peupl' qu'est un vrai fourneau,
E, i, o,
Coup'ra comme un abruti,
A, é, i,
Dans le piège à lui tendu,
A, é, i, o, u.

A la porte, il attendra,
 E, i, a,
Pour voir sortir Boulanger,
 A, i, é,
Et derrière son landau,
 E, i, o,
Il j'ou'ra des abatis,
 A, é, i,
En criant : « Il est r'venu !
 A, é, i, o, u. »

Boulanger redeviend'ra,
 E, i, a,
Qu'on veuill' bien revisionner,
 A, i, é,
On lui répondra : « Mon gros,
 E, i, o,
Tu r'pass'ras c't' après midi,
 A, é, i,
Voir si la Chambr' n'y est plus,
 A, é, i, o, u. »

Alors Boulanger donn'ra,
 E, i, a,
Sa démission d' député,
 A, i, é,
L'électeur, toujours gogo,
 E, i, o,

R'nomm'ra l' général chéri,
A, é, i,
Et ça n'en finira plus,
A, é, i, o, u.

Moi, mon opinion la v'là :
E, i, a,
Blancs, ros's, gauchers et droitiers,
A, i, é,
Boulangist's et radicaux,
E, i, o,
Boulanger et Jul's Ferry,
A, é, i,
Ça n'vaut qu'un coup d' pied au cul,
A, é, i, o, u.

16 octobre 1888.

LES ADIEUX DES DAMES AU STRAPONTIN

Air de : *La Grâce de Dieu.*

A LEMIRRE.

« Les couturiers ont proscrit ce, cette, ce... vous savez ? Ce bourrelet que les dames se mettent un peu au-dessus... un peu au-dessous de la taille, pour cambrer davantage. »
(*Parti ouvrier* d'hier.)

Tu vas quitter notre montagne
Et t'en aller bien loin, hélas !
Notre souvenir t'accompagne,
Humble et modeste matelas.
Tu sus protéger nos derrières ;
C'est grâce à toi que les séants
Aussi plats que des sœurs tourières
Bravaient les brocards malséants.

   Puisqu'il le faut, va-t'en,
   Bourrelet épatant !
     Va-t'en !
   Toi que nous aimions tant !
     Va-t'en ! (*bis*)
   Vers les lunes d'antan !

Coussin aux formes rebondies,
Grâce à tes contours protecteurs,

Tu faisais peur aux mains hardies
Des voyous et des séducteurs.
C'est par toi qu'affrontant la bande
Des gens du fisc, à l'œil jaloux,
Nous passions de la contrebande,
A la barbe des gabelous.

 Puisqu'il le faut, va-t'en,
 Bourrelet épatant !
   Va-t'en !
 Toi que nous aimions tant !
   Va-t'en ! (*bis*)
 Vers les lunes d'antan !

Va-t'en rejoindre les tournures,
Les paniers, les vertugadins
Qu'en de vieilles enluminures
Nous montrent les peintres badins.
Compagnon discret et commode,
Console-toi, car c'est certain,
Sous une autre forme, le monde
Restaurera le strapontin !

 Puisqu'il le faut, va-t'en,
 Bourrelet épatant !
   Va-t'en !
 Toi que nous aimions tant !
   Va-t'en ! (*bis*)
 Vers les lunes d'antan !

  17 octobre 1888.

LE PRÉSIDENT MÉLINE

Air : *Digue, digue, digue, digue, digue, don.* (Cloches de Cornaville.)

A LUCIEN VICTOR MEUNIER.

Bien insuffisant, le président Méline !
Lorsque, grave et lent, il monte à son fauteuil,
Tous les députés, changeant soudain de mine,
Braillent, à se croire au quartier Montorgueil.
Cassagnac dégueule, apostrophant Douville ;
Méline, ahuri, sonne sans s'arrêter,
Et cela fait un bruit de guerre civile
Que Paris, dehors, se tait pour écouter. (*bis.*)

Digue, digue, digue, digue, digue, don !
Sonne, sonne, sonne ! Sonne, sonne donc !
Digue, digue, digue, digue, digue, don !
Sonne donc ! président dindon !
Digue, digue, digue, digue, digue, etc., etc.

Son prestige est tel, aux yeux de ses collègues,
Que lorsqu'il se lève, on se met à causer !
Bavards, zézayeurs, muets, grasseyeurs, bègues,
Tout le Parlement ne cesse de jaser.
Méline, vexé, s'époumonne et se couvre ;
Sa cloche, terrible, éveille les vieux rois

Dont les spectres croient ouïr, du fond du Louvre,
Sonner le tocsin de Germain-l'Auxerrois. (*bis.*)

Digue, digue, digue, digue, digue, don !
Sonne, sonne ! Sonne, sonne donc !
Digue, digue, digue, digue, digue, don !
Sonne, donc ! président dindon !
Digue, digue, digue, digue, digue, etc., etc.

20 octobre 1888.

GUILLAUME II ET LÉON XIII

A LÉON BLOY.

GUILLAUME

Vieux pape des catholiques,
Qu'un jour nous détrônerons,
Dans tes saintes basiliques,
Viens lécher mes éperons.
Je te le dis, moi, Guillaume :
Pape, ton règne est fini ;
Je crache sur ton royaume !

LÉON

Mon très cher fils, sois béni.

GUILLAUME

A Calvin, dans ma personne,
Tu dis un *Pater Noster*.
Vieux pape, ton clocher sonne
Le triomphe de Luther.
Du Paradis, l'hérétique,
Grâce à toi n'est plus banni ;
Ton ciel n'est qu'une boutique !

LÉON

Mon très cher fils, sois béni.

GUILLAUME

Ma botte écrase ta mule ;
Pape de nos assassins,
Ta mitre, en vain, dissimule
L'injure faite à tes saints.
Quand tu me brûles un cierge,
Ton acte, prêtre honni,
Fait pleurer la sainte Vierge !

LÉON

Mon très cher fils, sois béni.

GUILLAUME

Sache-le, pontife infâme,
Ton vil baiser à mon fer,
C'est un hommage à la flamme
Où grille ton Lucifer !
C'est une suprême insulte
A ton Dieu, dans l'Infini ;
C'est un coup de pied au Culte !

LÉON

Mon très cher fils, sois béni.

21 octobre 1888.

BOULANGER A LA COMMISSION DE REVISION

Air : *Mad'moiselle écoutez-moi donc!*

A PAUL FOUCHER.

M. LABORDÈRE

— Général, écoutez-moi donc !
Comment voulez-vous qu'on dissolv' la Chambre?
Général, écoutez-moi donc !
Comment feriez-vous la dissolution ?

BOULANGER

— Non, Monsieur, je n' vous écout' pas !
Je vous répondrai l'prochain Deux-Décembre.
Non, Monsieur, je n' vous écout' pas!
Au théâtre je m'en vais de ce pas.

M. LABORDÈRE

— Général, écoutez-moi donc!
Flanqu'rez-vous le Parlement par la f'nêtre ?
Général, écoutez-moi donc!
Fourr'rez-vous les députés en prison?

BOULANGER

— Non, Monsieur, je n' vous écout' pas !
De c' que je ferai je suis seul le maître.
Non, Monsieur, je n' vous écout' pas !
C'est pour m'en servir que j' possèd' des bras.

M. MESUREUR

— Général, écoutez-moi donc !
Êt's-vous partisan de la présidence ?
Général, écoutez-moi donc !
Là-d'ssus donnez-nous votre opinion.

BOULANGER

— Non, Monsieur, je n' vous écout' pas !
Je mari' ma fille et chez moi l'on danse.
Non, Monsieur, je n' vous écout' pas !
J' veux bien vous chanter des airs de polkas.

M. MESUREUR

— Général, écoutez-moi donc !
Qu' pensez-vous d'un' dictatur' militaire ?
Général, écoutez-moi donc !
Comment jugez-vous Louis-Napoléon ?

BOULANGER

— Non, Monsieur, je n' vous écout' pas !
Je pourrais parler, mais j'aim' bien mieux m' taire.
Non, Monsieur, je n'vous écout' pas !
Je laiss' les discours à vos avocats.

M. RÉVILLON

— Général, écoutez-moi donc !
Dit's nous franchement c' que vous voulez faire.

BOULANGER

— Tu m' canul's, eh ! sal' commission !
Tu f'rais mieux d' m'offrir un amer Picon !

27 octobre 1888.

LES CHACALS

A PHILIBERT ROGER.

La vie est un champ de bataille
Où le soldat pauvre a laissé
S'échapper, par plus d'une entaille,
Un peu de son « honneur » blessé :
Conversations fantaisistes,
Vieilles dettes de restaurants
Que « révèlent » des journalistes
A leurs lecteurs indifférents.

Toujours prêts aux sales besognes,
Ils rôdent, louches et bancals.
Ce sont les chercheurs de charognes :
      Les chacals.

Calicots de la calomnie,
Dans un tas de tiroirs égaux,
Leur indignité s'ingénie
A réunir d'anciens ragots.
Sur chacun ils font une enquête,
Prenant le moindre racontar ;
Puis ils collent cette étiquette :
« Un tel. — A consulter plus tard. »

Toujours prêts aux sales besognes,
Ils rôdent, louches et bancals.
Ce sont les chercheurs de charognes :
   Les chacals.

De ces « vertueux » l'existence
Est donc sans tâche ? oh ! que non point !
Sur eux on jase d'importance
Et plus d'un leur montre le poing.
Leurs « cadavres » feraient un tome ;
Mais qu'importe à ces belliqueux ?
Il savent bien qu'un honnête homme
Ne peut descendre aussi bas qu'eux.

Car, fût-on sale comme un peigne,
Coupable de cent faits bancals,
Muet et calme, l'on dédaigne
   Les chacals.

28 octobre 1888.

APRÈS VOUS L' « AMUSANT »

A MRURIOT.

Dans les cafés y' a d' drôl's de types,
Encor' plus raseurs que fourneaux,
Qui, tout en culottant leurs pipes,
Lis'nt jusqu'aux annonc's des journaux.
Quand j'en rencontre un, d'aventure,
J'lui dis : « Vrai ! c'que vous êt's rasant !
Avez-vous fini votr' lecture ?
  Après vous, l'*Amusant.* »

J'ai pour voisin un jeun' ménage,
Deux époux qui n' s'accordent point
Et troublent tout le voisinage
Avec leurs cris et leurs coups d' poing.
Le mari cogne et la femm' braille ;
Quand l'bras d' l'homme est par trop pesant,
J' lui crie, à travers la muraille :
  Après vous l'*Amusant.* »

L'autre jour, plac' de la Roquette,
Devant le coup'ret d'l'échafaud,

Un condamné, perdant la tête,
L'prêtr' lui dit : « Mourez comme il faut ! »
L' pauvre homm' lui répond : « Si j' recule,
C'est bien naturel : Tâtez-en !
Mettez-vous donc su' c'te bascule !
  Après vous, l'*Amusant.* »

L'autre nuit, la coliqu' m'attrape ;
Aux cabinets j' vais, plein d' frayeur ;
La porte étant close, je frappe :
« Y'a du mond' ! » qu'on m' cri' d' l'intérieur.
« Alors, pressez-vous ! » que j' réplique,
« J' possède une envi' d' paysan !
Monsieur, pitié pour ma colique !
  Après vous, l'*Amusant.* »

Dans un p'tit hôtel, en province,
J'étais en train de reposer.
A travers la cloison trop mince,
J'entends soudain l' bruit d'un baiser.
« — Tiens, mon cher mari ! — Tiens ! chèr'femme ! »
Bref, ça n'avait rien de r'posant.
« Monsieur ! dis-je au mari plein d' flamme,
  Après vous, l'*Amusant.* »

La politique, c'est notoire,
Chacun le répète partout,
Est une immense balançoire,

Avec un farceur à chaqu' bout.
Celui qu'est en bas, dit à l'autre :
« — Vous fait's vot' malin, à présent ;
Mais d'main, vot' plac' sera la nôtre :
　　Après vous, l'*Amusant* ».

4 novembre 1888.

LES ACCAPAREURS

Air : *Le Midi bouge.*

A ÉDOUARD DRUMONT.

C'est nous les financiers ; \
Gros oiseaux carnassiers, } *Bis.*
  Notre bec fouille,
A la barbe des lois,
  Dans la dépouille
Du bon pays gaulois.

  Un ! deux
Le veau d'or trône ;
  Tout est jaune !
  Un ! deux !
Nous nous foutons bien d'eux !

Les juges, pantins vils \
Dont nous tenons les fils, } *Bis.*
  Pleins d'insolence
Pour le pauvre aux abois,
  Dans leur balance,
Pour nous ont de faux poids.

  Un ! deux !
Le veau d'or trône ;

Tout est jaune !
Un ! deux !
Nous nous foutons bien d'eux !

Pressurons, sans souci, } Bis.
Ce riche pays-ci.
  Serrons la meule ?
Poussons sur le ressort !
  Quand la faim gueule,
C'est de l'argent qui sort !

Un ! deux !
Le veau d'or trône ;
Tout est jaune !
Un ! deux !
Nous nous foutons bien d'eux !

Tranquilles, jouissons, } Bis.
Mangeons, buvons, pissons,
  Vivons sans masque,
Jusqu'à satiété ;
  Car qui qui casque ?
C'est la société !

Un ! deux !
Le veau d'or trône ;
Tout est jaune !
Un ! deux !
Nous nous foutons bien d'eux !

5 novembre 1888.

LES ACCAPARÉS

Air : *Le Midi bouge.*

A JACQUES DE DIEZ.

Gare à vous, financiers, ⎫
Gros oiseaux carnassiers ! ⎬ *Bis.*
  La bonne Gaule,
Terrible en ses lambeaux,
  A coups de gaule
Chassera les corbeaux !

    Filous !
  Quand Paris bouge,
    Tout est rouge !
    Filous !
Prenez bien garde à vous !

Bouchers d'Or, vils saigneurs, ⎫
Pire que les seigneurs, ⎬ *Bis.*
  Le peuple tisse
Sa toile, aveugle et sourd,
  Et sa Justice
Vous pendra haut et court !

    Filous !
  Quand Paris bouge,

Tout est rouge!
Filous!
Prenez bien garde à vous!

Sachez-le, gros barons,   ) Bis.
Nous vous rattraperons.
Mauvaise teigne,
Nous serrerons à mort :
Quand le Juif saigne,
C'est notre argent qui sort!

Filous!
Quand Paris bouge,
Tout est rouge!
Filous!
Prenez bien garde à vous!

Voleur à gros bedon,   ) Bis.
Ronfle sous l'édredon :
Pour voir ta fiole,
Pâle, sur l'oreiller,
La *Carmagnole*
Viendra te réveiller!

Filous!
Quand Paris bouge,
Tout est rouge!
Filous!
Prenez bien garde à vous!

6 novembre 1888.

CEUX QUI COURENT

Air de : *Derrière l'omnibus.*

A ISCH WALL.

L'ASSASSIN DE LA FILLE FELLERATH

Sur Pranzini, pauvre imbécile,
Le glaive s'est appesanti.
Moi, mon crime est déjà fossile :
Thémis en a pris son parti.
Braver la loi, c'est si facile
Pour les meurtriers diligents
   Qui savent, au nez des gens,
   Faire la nique aux agents !

Depuis le passage Saulnier.
Tralalalala ! Tralalalala !
   De peur d'être fait prisonnier,
     Tralalalalala !
Je suis devenu casanier,
     Tralalalalala !

L'ASSASSIN DE LA FILLE JOUIN

Bien à tort, le public s'exclame
Sur la finesse de Prado ;
Cet assassin, je le proclame,

N'est qu'un maladroit, un lourdaud.
Sans me faire de la réclame,
Je puis dire, sans vanité,
  Que, par mon habileté,
  Je l'ai vraiment dégoté !

Depuis que d'or ayant besoin,
Tralalalala ! Tralalalala !
  J'assassinai la fille Jouin,
    Tralalalalala !
Je vis très heureux dans mon coin,
    Tralalalalala !

L'ASSASSIN DE LA FILLE STEIN

Quand l'on veut tuer une fille,
On rentre avec elle, très tard.
Pendant qu'elle se déshabille,
On la saigne avec un poignard.
Bien avant que l'aube ne brille,
On descend dans l'escalier noir ;
  Le concierge, sans vous voir,
  Tire le cordon. Bonsoir !

C'est comme ça qu'un beau matin,
Tralalalala ! Tralalalala !
  Croyant prendre un riche butin,
    Tralalalalala !
J'ai massacré la fille Stein,
    Tralalalalala !

JACK L'ÉVENTREUR

Des mazettes, des fausses couches,
Tous vos assassins de Paris !
Moi, dans ma toile, tristes mouches,
Viennent se prendre les houris.
Dans Londres, dépistant les *mouches*,
Je me promène incognito.
    J'en suis, grâce à mon couteau,
    A ma neuvième catau !

Et pourtant ça n'est pas fini !
Tralalalala ! Tralalalala !
  Impitoyable Pranzini,
    Tralalalalala !
Je ne laisse ni tripes, ni
    Tralalalalala !

    15 novembre 1888.

LA VALSE DES ÉCUS

Air de : *La Valse des adieux.* (G. Nadaud.)

AUX PAUVRES.

Accourez tous au bal de la finance !
Sous le bâton du maestro Rothschild,
L'or corrupteur partout flamboie et danse :
C'est Lucullus chez Haroun-al-Raschild.
Il tourne au cou des blondes et des brunes,
Rayonne sur l'albâtre des bras nus ;
Dans les cheveux, brille comme des lunes :
Venez danser la valse des écus !

Accourez tous, fils des anciennes races,
Enfants bâtards des croisés et des preux !
Au vestiaire accrochant vos cuirasses,
Valsez aux bras des filles des lépreux.
Les grands portraits des barons et des comtes,
Dans la poussière, hélas ! sont disparus ;
Leurs exploits sont enterrés sous vos hontes :
Venez danser la valse des écus !

Accourez tous, fils des bourgeois intègres,
Crocheteurs du suffrage universel,
Prostituer, chez les marchands de nègres,
L'ombre de Pache et d'Étienne Marcel.

Voyez passer, là-bas, dans les charrettes,
Vos durs aïeux, par le glaive abattus,
Vos pères, eux, faisaient sauter les têtes :
Venez danser la valse des écus !

Accourez tous, soi-disant pamphlétaires,
Faux Desmoulins aux gages du pouvoir,
Brutus vendus aux césars militaires,
Écrivant rouge et tout bas pensant noir !
Vils chiens flairant le succès à la piste,
Clowns essoufflés, acrobates perclus,
Le sable d'or vous attend dans la piste :
Venez danser la valse des écus !

Accourez tous chez les Juifs ! Le flot monte
Qui doit bientôt, tous, vous ensevelir.
Vous consommez, c'est le peuple qui ponte ;
Vos fronts hardis, de terreur vont pâlir.
L'aube se lève à l'horizon immense
Du jour tragique où vous serez vaincus.
Un monde meurt lorsqu'un autre commence :
Nous danserons la valse des écus !

22 novembre 1888.

LES FORAINS

Air de : *Paillasse* (Béranger.)

A FRANÇOIS BIDEL.

« Une pétition contre les forains circule en ce moment à Montmartre. Cette pétition, où figurent les noms de MM. Gérôme, William Busnach, Sarcey, G. Ohnet, Lenepveu, etc., etc., demande l'expulsion des banquistes actuellement installés boulevard Rochechouart. »
(Extrait des journaux.)

Forains, roulant votre tonneau
 Ainsi que Diogène,
Que l' beau mond' ferme son piano,
 Si vot' fanfar' le gêne.
  Vos spectacl's, vos jeux
  Ne sont pas pour ceux
Chez qui l'argent abonde.
 Paillass', mon ami,
  N' saut' pas à demi :
Saut' pour le petit monde !

Saut' pour que Gérôme, aux abois,
 Désertant la peinture,
N' nous montre plus d' bonshomm's en bois,
 Couleur de confiture.

Brav'ment, criant : « Zut ! »
A tout l'Institut,
Critique, blague et fronde.
Paillass', mon ami,
N' saut' pas à demi :
Saut' pour le petit monde !

Saute ! pour que William Busnach,
Renonçant au théâtre,
De Zola n' se fass' plus l' cornac,
Changeant son marbre en plâtre.
Tout' son œuvre en toc,
Même prise en bloc,
Ne vaut pas ta faconde.
Paillass', mon ami,
N' saut' pas à demi :
Saut' pour le petit monde.

Saut' pour que monsieur Lenepveu
Ne fass' plus de musique.
Pour que Sarcey, sans feu ni lieu,
Abandonn' la critique.
Pour que Georg's Ohnet,
Dans son cabinet,
N' fabriqu' plus d' guimauv' blonde.
Paillass', mon ami,
N' saut' pas à demi :
Saut' pour le petit monde !

Le seul banquiste qu'on devrait
>   Chasser d' la plac' publique,
Un saltimbanque, un chouette, un vrai,
>   C'est Roch'fort, c'te sal' clique ;
>   Il excit' les gens
>   Et quand les agents
>   Cogn'nt su' l' peuple, à la ronde,
>   Pour n' pas voir de sang
>   I' s' débin', laissant
>   Assommer l' petit monde !

23 novembre 1888.

PRÉDICTION

A VUILLAUME.

Qu'arrivera-t-il, dimanche,
Sur la tombe de Baudin ?
L'émeute, rouge avalanche,
Croulera-t-elle soudain ?
Paris, libre, sans blessure,
Fêtera-t-il ce trépas ?
Une seule chose est sûre :
Rochefort n'y sera pas.

Car il n'aime pas la foule.
Où l'on récolte des coups,
Où quelquefois le sang coule,
Giclant des fronts et des cous ;
La foule énorme qui beugle,
Écrasant tout sous ses pas,
Bête sourde, monstre aveugle :
Rochefort n'y sera pas.

Comme un cerf prenant sa course,
Il ira, très loin, plus loin,
A quinze heures de la Bourse,
Poser culotte en un coin.

Dans les champs, veufs des récoltes,
Allongeant son grand compas,
Il fuira, loin des révoltes :
Rochefort n'y sera pas.

Cependant qu'en quelque site,
Il verra naître l'hiver,
Le bon peuple qu'il excite
Tombera, le crâne ouvert.
Lecteur crédule qui soupes
De ses « mots », piètres repas,
Tu peux chercher ses trois houppes :
Rochefort n'y sera pas.

Le jour de la grande émeute,
D'un coup, voulant se venger,
Le Peuple, sinistre meute,
Bondira sur Boulanger.
Les laquais, comme le maître,
Tous, on les fusillera,
Sans épargner un seul traître...
Et Rochefort y sera.

26 novembre 1888.

LE MONOLOGUE DE WILSON

A PROPOS DE LA SÉANCE D'HIER A LA CHAMBRE

A F. PRIVÉ.

Sans députés que c'est triste, une Chambre !
J'ai beau chercher partout autour de moi :
Du Parlement, je reste le seul membre ;
Mes pauvres yeux errent, remplis d'émoi.
On entendrait une mouche qui vole ;
Chacun me fuit comme un empoisonneur.
Pas moyen de demander la parole :
Je reste seul...

L'ÉCHO

Un ! deux ! trois !
...avec mon déshonneur !

Vrai ! quels lâcheurs que mes dignes collègues !
Sans me parler, hélas! Ils sont sortis !
Les éloquents, les muets et les bègues,
Tous, les moyens, les grands et les petits.
A la tribune il faut que je m'explique ;
Mais j'aurai beau gueuler comme un sonneur,
Aucun ne me donnera la réplique :
Je reste seul...

L'ÉCHO

Un ! deux ! trois !
...avec mon déshonneur !

Parti, Clovis ! Parti, maître Laguerre !
Laguerre qui, jadis, serrait ma main !
Parti, Boulange, idole du vulgaire !
Parti X, X, ces Wilsons de demain !
Parti, monsieur de Mun ! Parti, Douville !
Partis, Boyer et Basly le mineur !
Oui, partis tous, de façon peu civile !
Je reste seul...

L'ÉCHO

Un ! deux ! trois !
...avec mon déshonneur !

De Mac-Mahon empruntant la devise,
De mon mandat, oui, j'irai jusqu'au bout !
En me visant, c'est mon siège qu'on vise ;
Nul, désormais, ne me verra debout.
Oui, que Carnot dissolve cette Chambre,
Je garderai le fauteuil que voilà ;
Du Parlement, infatigable membre,
S'il en reste un, je serai celui-là !

27 novembre 1888.

ROCHEFORT-LA-FROUSSE

Air de : *La Boiteuse*.

A LÉON DELARUE.

« Un individu s'avance vers le général et lui dit :
— Où est Rochefort ?
— En province, répond M. Déroulède.
— Il ne devrait pas y être : moi, je suis bien là ; la place de Rochefort est à côté du général. »
(*Le Matin*, le banquet Lemardelay.)

Quand des moutons, bons à manger,
Vont, bêlant : « Vive Boulanger ! »
Monsieur de Rochefort-Luçay
Regarde tout d'abord où c'est.
Passant à peine un pantalon,
A s'habiller il n'est pas long ;
Puis, de peur d'être cahoté,
Il file de l'autre côté.

Il faut le voir détaler hors-barrière,
Pissant par devant, foirant par derrière !
Tordue au vent, sa houppe du milieu
Semble crier : « Au feu ! au feu ! au feu ! »
Tandis que la gauche répond :
« Où donc ? où donc ? où donc ? »
Et que la droite dit : « Mâtin !

Sauvons-nous, car y'a du potin !
   Y'a du potin ! »

Bien loin de Paris se tirant,
Il va, comme le Juif-Errant,
Sur les routes, rempli d'entrain ;
Mais il ne prend jamais le train ;
Car, dans tous les chemins de fer,
Les gens font un boucan d'enfer,
Donnant aux moindres stations
L'air de manifestations.

Il faut le voir détaler hors-barrière,
Pissant par devant, foirant par derrière !
Tordue au vent, sa houppe du milieu
Semble crier : « Au feu ! au feu ! au feu ! »
   Tandis que la gauche répond :
     « Où donc ? où donc ? où donc ? »
   Et que la droite dit : « Mâtin !
   Sauvons-nous, car y'a du potin !
      Y'a du potin ! »

Il voyage ainsi tout le jour,
Prenant le désert pour séjour.
Quand la nuit noircit les buissons,
Le marquis se sent des frissons :
La lune, des pieds jusqu'au col,
Trace son ombre sur le sol ;

Il se sent pris d'un tremblement,
Car ça fait un rassemblement.

Il faut le voir détaler hors barrière,
Pissant par devant, foirant par derrière !
Tordu au vent, sa houppe du milieu
Semble crier : « Au feu ! au feu ! au feu ! »
Tandis que la gauche répond :
« Où donc ? où donc ? où donc ? »
Et que la droite dit : « Mâtin !
Sauvons-nous, car y' a du potin !
Y' a du potin ! »

28 novembre 1888.

LE GRATTE-CUL

A MARIUS CORRÉARD.

La seule fleur qui vous convienne,
Ligueulards, qu'il vous en souvienne,
Ce n'est pas le sanglant œillet,
Emblème des farouches meutes
Qu'on voit bondir, les jours d'émeutes,
Sous l'ardent soleil de Juillet.
Ce qu'il vous faut, c'est la fleur bête
Des valets aimant la courbette
Et léchant le dot du patron ;
La fleur des viles multitudes
Prêtes aux lâches servitudes,
Adoratrices d'un étron ;
Croyez-moi, bêtes moutonnières,
Enlevez, de vos boutonnières,
Où devrait briller un écu,
Cette couleur républicaine :
La seule fleur qui vous convienne,
Courtisans, c'est le gratte-cul !

29 novembre 1888

LA MANIFESTATION BAUDIN

Air du : Chant du départ.

A ALEXANDRE TISSSERAND.

Marianne, en chantant, nous mène vers la tombe
  Où Baudin gît, le crâne ouvert.
Lorsque pour une idée, un soldat lutte et tombe,
  Son laurier reste toujours vert.
  Ses restes glorieux pourrissent ;
  Mais, sur la fosse, ils font venir
  Un arbre superbe où fleurissent
  Les fleurs rouges du souvenir.

  La République nous appelle ;
  A ses cris il faut accourir.
  Si Décembre se renouvelle,   } *Bis.*
  Comme Baudin sachons mourir.

De Napoléon Trois exaltons la victime,
  Autour d'elle il faut nous ranger.
Citoyens, souffletons de l'effroyable crime,
  Le front hardi de Boulanger.
  A la barbe du César blême
  Et de son féroce troupeau,
  Prenons ce trépas pour emblème
  Et ce cadavre pour drapeau.

La République nous appelle ;
A ses cris il faut accourir.
Si Décembre se renouvelle,
Comme Baudin sachons mourir. } Bis.

2 décembre 1888.

JE R'PIQUE AU TRUC

ERNEST LEBLANC.

Moi jamais je n' me désespère :
Sans vouloir fair' le beau parleur,
L' sort peut pas toujours êtr' prospère ;
Dans c' mond' tout n'est qu'heur et malheur.
Sur terr' c'est pas toujours tout rose,
Pour l'ouvrier, l' bourgeois ou l' duc ;
Moi j' pleur' pas, quand j'rat' quelque chose :
  Je r'pique au truc.

Ainsi, tenez, la p'tite Hortense,
Ma femm', me rend pèr', l'an dernier.
Tout de suite, à part moi, je pense :
« Enfin, j' tiens donc un héritier !
» — Est-ce un fils ! » dis-je à la sag' femme.
« — Non, c'est un' fille, monsieur Luc.
» — Alors, tant pis ! » dis-je à c'te dame ;
  « Je r' pique au truc ! »

Lorsque j'ai touché ma quinzaine,
I' m'arriv' qué'qu'fois d' rentrer plein.
Mon épous' commenc' son antienne :
« Fainéant ! Poivrot ! Sac à vin ! »

Pour clouer l' bec à la commère,
J' la cogn', comm' si a s'rait en stuc ;
Si, malgré ça, a veut pas s'taire,
  Je r'pique au truc.

N'importe, nous f'sons bon ménage :
On s'embrasse et l'on n'y pens' plus.
J'ai d' la conscience, et, du mariage,
Je n' trouv' pas les d'voirs superflus.
Ma p'tit' femme à la jou' vermeille :
Qu' voulez-vous, on n'est pas caduc ;
Qué'qu'fois, dans la nuit, a m'réveille :
  Je r'pique au truc.

J'aim' la paix, j'exècre la guerre
Et j'ai la hain' des conquérants.
Dans la lutt' suprêm' de naguère,
J'ai fait mon d'voir, aux premiers rangs.
J' suis moins jeun' qu'à cett' triste époque ;
Vrai comm' l'Evangile d' Saint' Luc,
Si qué'qu' monarchi' nous provoque,
  Je r'pique au truc.

Afin d'sauver la République,
En mars, avec les fédérés,
J'ai combattu Thiers et sa clique
D' bourgeois voltairiens et d' curés.

Maint'nant c'est la bande à Boulange
Qui sing' le Seiz' Mai et son duc.
Si jamais faut cogner c'te fange,
    Je r'pique au truc.

6 décembre 1888.

LES LANTERNES ÉLECTRIQUES

A LISSAGARAY.

Des lanternes, depuis qué'qu' temps,
Pour le faible prix d' dix centimes,
Nous montrent les faits importants,
D'puis l' moindre accident jusqu'aux crimes.
Parisiens qu' amus'ent ces joujoux,
J' vais vous dire, en vers véridiques,
Ce que nous verrons, pour deux sous,
Dans les Lanternes électriques.

La Boulange, c'était fatal,
Petit à petit se détraque,
Avant peu, l'électeur brutal
Fout'ra par terr' tout' la baraque.
Paris pouss'ra dans ses égouts
Ce résidu de tout's les cliques.
V'là c' que nous verrons, pour deux sous;
Dans les Lanternes électriques.

Laguerre, ministre avorté
Sur la gueule de qui je pisse,
Fil'ra, d' sa donzelle escorté,
Au Séminair' de Saint-Sulpice.

Rochefort, sens dessus dessous,
S'exil'ra, pour fuir les coups d'triques,
V'là c'que nous verrons, pour deux sous,
Dans les Lanternes électriques.

Naquet, empoigné par le trac,
De terreur redressant son torse,
S'jett'ra dans les bras d'Cassagnac,
L'enn'mi personnel du divorce.
Turquet, devant l'peuple en courroux,
Regrett'ra « ses group's sympathiques ».
V'là c' que nous verrons, pour deux sous,
Dans les Lanternes électriques,

Boulang', voyant son rôl' fini,
Maudissant l'vent qui parfois saute,
S' plac'ra dans un hôtel garni,
Comm' géneral de table d'hôte.
Sa belle barbe aux reflets roux,
F'ra soupirer les gru's antiques.
V'là c' que nous verrons, pour deux sous,
Dans les Lanternes électriques.

Mais ils auront beau s'débiner,
Ils n'évit'ront pas l'échéance.
Quand l'peupl', qu'ils ont voulu berner,
Viendra réclamer sa créance.

Traîtres, maquereaux et filous,
Vous payerez, aux jours tragiques.
V'là c' que nous verrons, pour deux sous,
Dans les lanternes électriques.

16 décembre 1888.

LE NOEL DE PRADO

A JULES LEMAITRE.

> Noël! Noël! Le prêtre dit
> Que, parmi nous, Dieu descendit,
> Pour consoler le pauvre hère.
> (Jean Richepin.)

Noël! Noël ! Prado pâlit ;
Plus blanc que les draps de son lit,
Il se dresse, prêtant l'oreille.
Sonnez, cloches ! Cloches, sonnez !
Blême, au dépôt des condamnés,
Le pauvre diable se réveille.

Noël ! Noël ! Est-ce aujourd'hui
Que la Justice, en ce réduit,
Le prendra, de sa main d'hercule ?...
Et, sur sa couche, se levant,
L'homme, attentif aux bruits du vent,
Réveillonne dans sa cellule.

Noël ! Noël ! à ce reclus
Qu'apportera le doux Jésus,
Qui, cette nuit, sur les toits passe ?...
Petit Noël, dis quel cadeau
Tu feras au pauvre Prado :
La guillotine?... ou bien la grâce?...

Noël ! Noël ! en son lit froid
Soudain, l'homme dit, plein d'effroi :
« C'est l'heure !... On marche vers la porte !... »
Et livide comme Pierrot,
Il demande : « Est-ce le bourreau ?...
Non, c'est la grâce qu'on apporte !

    Noël ! Noël !

23 décembre 1888.

BALLADE DES VIEUX ALMANACHS

CHANSON DE FIN D'ANNÉE

A JEAN SALIS.

> Mais où sont les neiges d'antan ?
> (François Villon.)

Où tombent-elles, les années
Que, sur terre, sème le Temps ?...
Où s'en vont les roses fanées,
Les automnes et les printemps ?...
Où s'envolent les feuilles sèches,
Les billets bleus des anciens krachs ?...
Crânes chauves, où sont vos mèches ?...
Mais où sont les vieux almanachs ?...

Où gisent, beauté délicate,
Tes jolis yeux, ton petit nez ?...
Où sont les pieds des culs-de-jatte ?...
Les têtes des guillotinés ?...
Gros éléphants morts centenaires,
Où sont vos trompes, vos cornacs ?...
Dieux déchus, où sont vos tonnerres ?...
Mais où sont les vieux almanachs ?

Petit Thiers, où sont tes lunettes ?...
Bonaparte, où sont tes chapeaux ?...

Matelots, où sont vos dunettes ?...
Soldats, où gisent vos drapeaux ?...
Gourmands défunts, où sont vos tripes ?...
Fumeurs, où sont-ils vos tabacs,
Vos cigarettes et vos pipes ?...
Mais où sont les vieux almanachs ?...

Ici-bas, tout lasse et tout passe,
La mer, la rue ou la forêt,
Comme l'étoile dans l'espace,
Un siècle file et disparaît.
Ouvriers, généraux, évêques,
Caron, nous irons, sur tes bacs,
Dans l'oubli des calendes grecques,
Rejoindre les vieux almanachs.

31 décembre 1888.

FIN

TABLE

Les étrennes.	1
Des chansons	4
L'affaire des décorations.	7
Le donneur de prospectus	9
La perquisition.	11
Les fous.	14
Tout à l'égout.	17
Eugène Labiche.	19
Louise Michel.	22
Les éclipses.	25
L' « alignement »	28
Haut-le-cœur.	30
La carmagnole des corbeaux	32
Le discours de Bismarck	35
Furor teutonicus.	37
Les fonctionnaires	40
Les cors de chasse.	42
Comme les anciens	44
Le procès Wilson	46
Comme ton père.	48
A qui l'cal'çon	51
Le charretier et le cheval.	54
La chanson des houilleurs.	56
Lui !	58
La carmagnole du 18 mars	60
Le marronnier du 20 mars	62

Guillaume et compagnie	64
Les manifestations boulangistes	66
Les ouvriers de France	69
L'anti-boulangiste	71
Boulange	73
Les lieutenants de César (Laguerre)	75
Les dragons de Boulange	78
Derrière le sapin	80
La pipe Boulanger	83
Aux électeurs du Nord	86
Électeurs, veillez !	88
La boule à Boulanger	90
Les irresponsables	93
Les responsables	96
La sainte boulange	99
La première victoire de Boulanger	101
La marseillaise des prostituées	104
Plus de président !	106
La marmite	109
Les otages	111
Les lieutenants de César (Le maître-chanteur Eugène Mayer)	113
— (Farcy-la-Canonnière)	115
Le soldat pauvre	117
La comédie boulangiste	119
La république ouverte	123
J'm'eh vas écrire à Floquet	126
Les lieutenants de César (Déroulède-le-fruit-sec)	129
Le banquet boulangiste	132
Le programme de Boulanger	135
Hors la loi	137
La cour suprême	140
Les lieutenants de César (Clovis Hugues)	144
— (Henri Rochefort, dit « la Foire-de-Neuilly »)	147
— (Charles Chincholle)	149
— (Charles Lalou)	152
L'invasion allemande	155

L'officiel boulangiste	158
Aux fripouilles boulangistes.	160
Le voyage de Boulanger	162
Le protecteur de la morue	165
Les deux flétris.	167
Le cirque Boulange	170
Les cartes transparentes	173
Le Boulanger a des écus	175
Ça ira	178
Aux mères.	180
Les lamentations de Boulanger	182
Les vignerons de Bourgogne	184
Le char boulangiste.	186
L'enterrement de Boulanger	188
Rochefort perplexe	191
Gavroche à Boulange.	193
Les renégats de la république.	195
Boulanger littérateur	198
La débâcle (Les créanciers de Boulanger)	200
— (Les actions de Boulanger)	203
— (Le rêve de Boulanger, ou la chute des feuilles).	205
— (Le voyage à Antrain).	207
Le toupet de Boulanger.	209
La question des chiens	211
La Bastille.	213
Le duel Floquet-Boulanger	215
La débâcle (les deux Quatorze Juillet).	217
L'élection de l'Ardèche	220
Les sergots boulangistes	222
Réponse d'un « voyou ».	225
Les « voyous » de l'Ardèche.	227
La débâcle (En revenant de l'Ardèche).	229
— (Le plébiscite Boulanger).	232
Les perles du vieux Rochefort. — I.	235
Il partira !	238
Les perles du vieux Rochefort. — II	241
La grève des terrassiers.	244

Pierrot.	247
L'été de 1888.	250
La débâcle (les étoiles boulangiste)s.	252
Beber.	254
La chanson de la grève	257
Chant de guerre des sergots.	259
Les conseils de Gavroche	261
Boulanger et l'Allemagne	264
Bébé au bazar	267
Les boulangisses	270
Monsieur Crispi	273
La carmagnole des camelots	275
Sous la tour Fiffel.	278
L'asile	281
Le coucher du soleil	284
La vase.	286
La falaise et la place	288
La chanson du pousse-pied.	290
L'infâme à barbe.	292
Au fond du bois silencieux.	295
Zola et Sardou	297
Ous qu'est Boulanger ?	299
Monsieur Ferrouillat.	301
Le gas de Fouilly.	303
Le tocsin.	305
Laguerre est malade	308
Les requins	310
L'impuissance d'insulter	312
La rentrée des chambres	314
Les adieux des dames au strapontin.	317
Le président Méline.	319
Guillaume II et Léon XIII.	321
Boulanger à la commission de revision	323
Les chacals.	326
Après vous l' « Amusant	328
Les accapareurs.	331
Les accaparés.	333
Ceux qui courent.	335

La valse des écus	339
Les forains	340
Prédiction	343
Le monologue de Wilson	345
Rochefort-la-Frousse	347
Le gratte-cul	350
La manifestation Baudin	351
Je r'pique au truc	353
Les lanternes électriques	356
Le Noël de Prado	359
Ballade des vieux almanachs	361

ÉMILE COLIN. — IMPRIMERIE DE LAGNY

www.ingramcontent.com/pod-product-compliance
Lightning Source LLC
Chambersburg PA
CBHW050248170426
43202CB00011B/1606